Balthasar Glättli
Pierre-Alain Niklaus
Die unheimlichen Ökologen

Balthasar Glättli
Pierre-Alain Niklaus

Die unheimlichen Ökologen

Sind zu viele Menschen das Problem?

Mit Beiträgen von
Geert van Dok, Marcel Hänggi,
Shalini Randeria, Annemarie Sancar,
Leena Schmitter, Peter Schneider

Rotpunktverlag.

© 2014 Rotpunktverlag, Zürich
www.rotpunktverlag.ch
www.unheimliche-oekologen.ch

Umschlaggestaltung und Satz: Patrizia Grab
Druck und Bindung: CPI books GmbH, Leck

ISBN 978-3-85869-617-5
1. Auflage

Inhalt

9 Vorwort

13 Würdige Lebensperspektiven für alle

21 Die unheimlichen Geburtshelfer der Umweltbewegung

39 Umwelt schützen – Bevölkerung reduzieren?
    44 I = PAT – Formel und Fetisch
    53 Fokus Bevölkerungskontrolle – entwicklungspolitisch in der Sackgasse
    69 Überzählig sind immer die anderen
    87 Freiwillige Familienplanung? Eine bevölkerungspolitische List!
    96 »Man muss das mal ganz sachlich betrachten ...«

99 Das Volk und sein Land

117 Für Natur und Nation, gegen den Menschen?

123 Eine nachhaltige Zukunft gestalten

139 Anhang
    139 Anmerkungen
    155 Bibliografie
    165 Weiterführende Literatur
    167 Personenregister
    168 Sachregister
    170 Abkürzungen
    172 Dank
    173 Die Autorinnen und Autoren

»*Wenn die ökologischen Probleme in der Tat so ernst sind, dass sie unsere Lebensgrundlagen gefährden, und wenn gleichzeitig strukturelle Zwänge der Grund sind, weshalb diese Probleme nicht gelöst werden können, dann wäre die logische Folgerung, dass die Struktur selbst geändert werden muss. In den frühen 1960er-Jahren schien es tatsächlich so, als stünde ein massenhaftes Erwachen dieses Bewusstseins unmittelbar bevor. [...] Aber die Wissenschaft rettete uns einmal mehr! Nichts ist falsch an den Strukturen – es gibt einfach zu viele Menschen. Die Menschen in Lateinamerika leiden nicht an Hunger, weil unser Kaffee und unsere Bananen auf ihrem Ackerland wachsen, sondern weil es zu viele Lateinamerikaner gibt. Die vergiftete Luft in Gary, Indiana, ist nicht die Folge der Profite der Stahlunternehmen, sondern die Folge zu vieler Menschen, die Stahl nachfragen. Jedes ökologische Problem kann mit einer Überzahl an Menschen in Verbindung gebracht werden.*«

    John Vandermeer, 1977[1]

»*Die Annahme einer unbegrenzten Energieverfügbarkeit durch Kohle, Erdöl, Erdgas und andere fossile Energieträger hat viele Menschen und viele Regierungen dazu verleitet, jahrtausendealtes Wissen und Erfahrungen über Bord zu werfen in der Erwartung, menschliche Ingenieurskunst und technischer Fortschritt würden die Grenzen menschlichen Daseins im Naturzusammenhang aufheben können. Heute wissen wir zuverlässig, dass dies eine Illusion war – und zwar eine teuer erkaufte.*«

    Weltagrarbericht 2009[2]

Vorwort

Der Rotpunktverlag hat anlässlich der Ecopop-Volksinitiative, die in der Schweiz zur Abstimmung ansteht, den Anstoß für das vorliegende Buch zu den Hintergründen von globaler Umwelt- und Bevölkerungspolitik gegeben. Wir, Herausgeber, Autorinnen und Autoren, sind dem Verlag dankbar dafür.

Der Anfang der 1970er-Jahre gegründete Verein Ecopop (nach französisch *écologie et population*) nutzte die Möglichkeiten der direkten Demokratie in der Schweiz und lancierte eine Volksinitiative, welche die Umwelt durch eine Reduktion der Bevölkerungszahl schützen will: in der Schweiz selbst durch eine strenge Zuwanderungsbeschränkung, international durch die Verpflichtung der Schweiz, zehn Prozent ihrer Entwicklungshilfeausgaben zweckgebunden für Geburtenkontrolle einzusetzen. Die Initiative wird voraussichtlich im Herbst 2014 zur Abstimmung kommen.[3]

Die Vertreterinnen und Vertreter von Ecopop stellen sich selbst als Tabubrecher dar, die als Einzige die brisante Frage nach den negativen Folgen der angeblichen Überbevölkerung stellen. Als wir uns im Rahmen dieses Buchprojekts intensiv mit der Geschichte der Umweltbewegung beschäftigten, zeigte sich das Gegenteil: Es gibt in der Umweltbewegung eine lange Tradition, die Umweltschutz mit Bevölkerungskontrolle verbindet. In diesem Buch geht es deshalb nicht in erster Linie um die Geschichte von Ecopop und um ihre aktuelle Initiative, sondern darum, diese ideologischen Hintergründe und geschichtlichen Zusammenhänge aufzudecken und kritisch zu hinterfragen.

Für uns als engagierte Grüne war es aufschlussreich, bei dieser Suche auf den Spuren der grünen Bewegung auch die Geschichte der Bevölkerungslobby kennenzulernen, eines transnationalen Netzwerkes aus Einzelpersonen und Organisationen, das die Metapher der »Bevölkerungsexplosion« oder gar »Bevölkerungsbombe« geprägt hat. Wie stark Teile der Umweltbewegung bis weit über den Zweiten Weltkrieg hinaus auch durch die eugenische Bewegung beeinflusst wurden und wie sehr sie durch einen biologistischen Blick auf die Gesellschaft geprägt sind, hat uns erstaunt und auch erschreckt. Dieser Einfluss geht weit über einzelne Galionsfiguren wie Valentin Oehen in der Schweiz oder Herbert Gruhl in Deutschland hinaus.

Diese Erkenntnis hat uns die Titelwahl leicht gemacht: *Die unheimlichen Ökologen*. Mit der Titelwahl suggerieren wir nicht, dass alle bei Ecopop oder andern bevölkerungspolitischen Gruppen engagierten Personen eine Affinität zu braunem Gedankengut haben. Wir kritisieren vielmehr eine Tradition der Ökologie, die negiert, dass der Mensch auch ein kulturelles Wesen ist, fähig zu zivilisatorischer Entwicklung. Und wir kritisieren vor allem, dass diese Tradition unter dem Mäntelchen der Wissenschaftlichkeit in neokolonialistische und ausgrenzende Politik umgesetzt wird.

Es ist klar: Wer von der Perspektive ausgeht, dass die Menschen alle gegen alle um beschränkte Ressourcen kämpfen wie die Raubtiere um ihre Beute, kommt rasch zur Schlussfolgerung, dass es auf dem Planeten Erde schlicht zu viele Menschen gibt. Und wer davon ausgeht, dass der Kampf ums Überleben ein Kampf der Völker gegeneinander ist, kommt rasch zur Schlussfolgerung, dass wir unsere Grenzen dicht machen müssen.

Nimmt man die globalen Umweltprobleme und die drohende Ressourcenknappheit jedoch zum Anlass, als Weltgemeinschaft, lokal wie auch global, über die faire Nutzung und Verteilung von Gemeingütern (Rohstoffen, fruchtbarem Boden, Wald etc.) und über nachhaltige Formen des Wirtschaftens in einer endlichen Welt nachzudenken, dann eröffnen sich Chancen für eine Wende hin zu einer ökologisch und sozial nachhaltigeren Gesellschaft. Das ist unsere Perspektive.

Im Laufe unserer Diskussionen wurde uns immer stärker bewusst, wie sehr bereits der einfache Begriff der Bevölkerung unsere Wahrnehmung und unser Denken prägt. Er lenkt den Blick auf die Anzahl der Menschen innerhalb bestimmter geografischer Grenzen und blendet die Unterschiede zwischen ihnen aus. Und er konstruiert gleichzeitig einen angeblich naturgegebenen Unterschied zwischen dem eigenen Volk und den »Fremden«.

Erst wenn wir dies erkennen und hinterfragen, können wir sowohl die Ängste vor der »Bevölkerungsexplosion« als auch die Drohung der Pronatalisten mit dem Aussterben Europas überwinden – und uns der Frage zuwenden, wie wir eine gerechtere Zukunft gestalten ohne Ausbeutung von Natur und Mensch in einer endlichen Welt.

Wir hoffen, dass das vorliegende Buch dazu einige Anstöße gibt.

Balthasar Glättli und Pierre-Alain Niklaus
Mai 2014

Würdige Lebensperspektiven für alle

Einleitung

Bevölkerungspolitik hat viele Facetten. Und eine Konstante: Sie war durch die Jahrhunderte hindurch stets stark von Machtinteressen geprägt. Ins ernste Thema wollen wir mit einem fiktiven Beispiel aus der Comic-Welt einsteigen: Julius Cäsar erprobt in *Die Trabantenstadt* eine neue Methode im Kampf gegen das Dorf der Gallier, das nicht aufhört, der römischen Herrschaft Widerstand zu leisten. Asterix, Obelix und Konsorten sollen für einmal nicht mit Waffen, sondern mit der Ansiedlung von Römern in einer Trabantenstadt vor den Toren ihres Dorfes endgültig besiegt werden. Die Demografie als Waffe nutzen und die Assimilation der Minderheit an die Mehrheit fördern – diese Strategie wird auch in der realen Welt immer wieder angewandt. Ein anderes Beispiel, nun aus der realen Welt: In der Kolonialzeit förderten England, Belgien und weitere Kolonialmächte das Bevölkerungswachstum in ihren Kolonien aktiv. Dies, um den Bedarf an billigen Arbeitskräften langfristig decken zu können (siehe Beitrag Seite 85 f.). Die möglichst effiziente Ausbeutung menschlicher Ressourcen für die eigene (Kriegs-)Industrie stand im Vordergrund. Als weiteres Beispiel sei der ehemalige US-Präsident Theodore Roosevelt genannt, der 1905 in einer Rede dem Begriff »race suicide« zur Verbreitung verhalf. Er warf den Frauen der protestantischen Mittelschicht vor, zu wenige Kinder zu gebären – im Gegensatz zu den gebärfreudigeren nichtprotestantischen Einwanderinnen.[4] Nehmen wir zum Schluss noch ein aktuelles Beispiel: In Russland propagiert neuerdings der Staat aktiv die Drei-Kinder-Familie als Norm. Präsident Wladimir Putin begründete das staatliche Engagement für mehr Kinder folgendermaßen: »Ich glaube daran, dass drei Kinder für eine Familie in Russland Standard werden sollten. Wenn eine Nation nicht in der Lage ist, sich zu erhalten und zu reproduzieren, wenn sie ihre Lebensrichtlinien und Ideale verliert, dann braucht sie keinen externen Feind. Alles wird auseinanderfallen.«[5]

So unterschiedlich die angeführten Beispiele sind, so klar ist das Verbindende. Sich fern des Geburtsortes ansiedeln, Kinder haben und großziehen oder darauf verzichten wird nicht als freie Entscheidung jedes Menschen und jeder Familie angesehen, sondern mit nationalstaatlichen Interessen begründet. Die Frage, *welche* Menschen in einer Region leben sollen, ist dabei oft genauso wichtig wie die Frage, *wie viele* Menschen es sein sollen. Meist sind es Mitglieder der sogenannten gesellschaftlichen Elite, oft Wissenschaftlerinnen und Wissenschaftler, die der von ihnen als rückständig angesehenen breiten Bevölkerung vorschreiben wollen, welches (reproduktive) Verhalten für sie am besten ist. Staatliche Bevölkerungspolitik birgt die Gefahr, tief ins Leben der Menschen und ihrer Familien einzugreifen. Die Armen und Minderheiten sollen mit Zuckerbrot und Peitsche dazu gebracht werden, weniger Kinder zu haben, die Frauen der als staatstragend definierten Bevölkerungsschicht hingegen sollen zu mehr Gebärfreudigkeit angeregt werden. Die eigenen Vorstellungen dieser Menschen, ihr Wunsch nach Selbstbestimmung, interessierten und interessieren dabei meist nur wenig.

Nicht nur mit einem nationalen, sondern mit einem angeblich globalen Interesse wird heute wieder vermehrt für eine aktivere staatliche Steuerung der Bevölkerungsentwicklung plädiert. Das Ziel: das Wachstum der Bevölkerung soll aus ökologischen Gründen gestoppt werden. Die in der Schweiz domizilierte Vereinigung Umwelt und Bevölkerung – besser bekannt unter dem Kürzel Ecopop – schreibt auf ihrer Website: »Das hohe Bevölkerungswachstum (multipliziert mit dem Konsumverhalten) in der Schweiz und anderen Ländern belastet die Umwelt, vermindert die Lebensqualität und widerspricht dem Ziel einer nachhaltigen Welt.«[6] In den USA ist die Organisation Population Connection auf demselben Gebiet aktiv, sie schreibt auf ihrer Website: »Überbevölkerung bedroht die Lebensqualität der Menschen überall auf der Welt. Population Connection unterstützt die Bestrebungen zur Stabilisierung der Weltbevölkerung auf einem für die Ressourcen der Erde tragbaren Niveau.«[7]

Der US-amerikanische Biologe Paul Ehrlich war Mitbegründer der Vorgängerorganisation von Population Connection, Zero Population Growth (ZPG). Vor über vierzig Jahren hat er in seinem Buch *Die Bevölkerungsbombe* bereits vor der Belastung der Umwelt durch zu viele Menschen auf der Erde gewarnt: »Zu viele Autos, zu viele Fabriken, zu viele Pflanzenschutzmittel, mehr und mehr Kondensstreifen, unzureichende Abwasserkläranlagen, zu wenig Wasser, zu viel Kohlendioxid – lauter Probleme, die unschwer auf zu viele Menschen zurückzuführen sind.«[8]

Die Zukunft der Menschheit, so wird argumentiert, hänge primär ab von der Zahl der Menschen, die auf der Erde leben und diese belasten. Ecopop und Population Connection streben ein möglichst rasches Nullwachstum bei der Bevölkerung im In- und vor allem im Ausland an. Und sie versuchen, der Kritik an den problematischen Seiten einer staatlichen Bevölkerungspolitik vorausschauend den Wind aus den Segeln zu nehmen. Ecopop betont daher regelmäßig, man setze sich für eine offene Welt ein und sei nicht gegen Ausländerinnen und Ausländer. Und die Forderung nach freiwilliger Familienplanung in den Ländern des Globalen Südens habe nichts mit Neokolonialismus zu tun.[9]

Bei Population Connection vermeidet man – anders als bei der Vorgängerorganisation ZPG – ebenfalls das Wort Bevölkerungspolitik. Da in der Vergangenheit Frauen in armen Ländern unter Programmen, welche das Bevölkerungswachstum reduzieren sollten, besonders gelitten haben (siehe Seite 77 ff.), werden deren Bedürfnisse heute explizit erwähnt. Population Connection beispielsweise wirbt mit dem Dreiklang »die Erde schützen, Frauenrechte verteidigen, soziale Gerechtigkeit fördern« für ihre Aktivitäten. Dennoch: Die Haltung beider Organisationen, und vieler weiterer, ist eindeutig: Das übergeordnete Interesse der Menschheit erfordert primär Investitionen in Familienplanung und Bevölkerungskontrolle.

Da die Bevölkerung im »entwickelten« Westen heute nur noch wenig wächst und ohne Zuwanderung vielerorts sogar schrumpfen würde, richtet die Bevölkerungslobby im Westen ihre Aktivitäten weniger aufs Inland als vielmehr auf Länder in Afrika und Asien aus. Ecopop möchte in der Verfassung festschreiben, dass ein fixer Betrag von mindestens zehn Prozent der vom schweizerischen Staat finanzierten Entwicklungszusammenarbeit für freiwillige Familienplanungsmaßnahmen eingesetzt wird.

Wenden wir nun den Blick nach Asien. Indien gilt vielen Menschen hierzulande als Beispiel eines überbevölkerten Landes. Hier hat sich die Zahl der Menschen seit 1950 mehr als verdreifacht. Etwa 2020 wird Indien China als bevölkerungsreichstes Land ablösen. Das indische Bevölkerungswachstum ist seit Mitte der 1970er-Jahre zwar kontinuierlich zurückgegangen, die Bevölkerungszahl wird aber noch mehrere Jahrzehnte wachsen (siehe Beitrag Seite 53 ff.). In Indien leben heute durchschnittlich über 300 Einwohnerinnen und Einwohner pro Quadratkilometer. Ist Indien also nicht der beste Beweis dafür, dass das Bevölkerungswachstum viel energischer bekämpft werden muss?

Die Inderin Vandana Shiva ist Physikerin und Aktivistin für die Rechte der Frauen und der Armen. Auch sie sieht das globale Ökosystem in Gefahr. Unter dem Eindruck der bereits heute spürbaren Auswirkungen des Klimawandels, der drohenden Knappheit an nicht erneuerbaren Rohstoffen (Stichwort Peak Oil) und von Hungerkrisen schrieb sie 2008 das Buch *Leben ohne Erdöl. Eine Wirtschaft von unten gegen die Krise von oben*. Zur Klimaerwärmung schreibt sie darin:

»Unser Handeln in dieser Sache wird darüber entscheiden, ob wir überhaupt am Leben bleiben oder aber zugrunde gehen.«[10] Man kann Shiva also keine Verharmlosung des Themas vorwerfen. Dennoch kommt das Thema Überbevölkerung in ihrem Buch nicht ein einziges Mal vor.

Ihre Analyse ist eine ganz andere. Das Hauptproblem sei, dass immer und immer wieder versucht werde, die verschiedenen Krisen mit den gleichen Mitteln zu lösen, die sie verursacht hätten. Die Menschheit entferne sich aufgrund dieser vereinfachenden, mechanistischen und konsumorientierten Politik immer weiter von nachhaltigen Lösungen.[11] Der forcierte Bau von Autobahnen und Fabriken, der Anbau von Pflanzen zur Produktion von Agrotreibstoff, die Einführung von Hochleistungs-Saatgut, eine spezialisierte landwirtschaftliche Produktion für den Export, die Öffnung des indischen Marktes für Firmen aus aller Welt – diese Politik bringe den Großkonzernen satte Profite, führe auf der anderen Seite aber zu breiter Verelendung. Die forcierte Integration der indischen Wirtschaft in den Weltmarkt ist gemäß Shiva nur unter massiven Menschenrechtsverletzungen durchsetzbar. Die Armen werden Opfer von Vertreibungen und Landraub, sie sind die Hauptleidtragenden dieser Politik. Shiva spricht von einer eigentlichen »Wegwerfmentalität« gegenüber den Menschen.[12] Als Hauptprofiteur sieht sie wie in der Kolonialzeit den Westen und eine schmale (und oft korrupte) Elite im Inland. Für Shiva ist im Kampf gegen die konstatierte Dreifachkrise (Klima, Hunger, Peak Oil) die Förderung von sozialer Gleichstellung, Gerechtigkeit und Demokratie vordringlich: »Dieselben Strategien, die den Anspruch der Armen auf ihr Land und ihre Existenzgrundlage respektieren, vermindern auch unsere Erdölabhängigkeit.«[13]

Ist Shiva auf einem Auge blind oder ist sie naiv? Und zurück nach Europa und in die USA: Wie steht es mit Organisationen wie Ecopop und Population Connection? Wie ist es möglich, dass die gleiche Diagnose – das Überleben der Menschheit steht auf dem Spiel – zu derart unterschiedlichen Forderungen führt, was zu tun sei?

Das Auseinanderdriften der Handlungsansätze zeigt auf, dass die durch Ecopop und Population Connection aufgeworfenen bevölkerungspolitischen Fragen nicht so wissenschaftlich und unschuldig sind, wie sie dargestellt werden. Die immer noch mehrheitlich in großem materiellem Wohlstand lebenden Menschen im Westen fühlen sich bedroht von der wachsenden Bevölkerung in den heutigen und zukünftigen Entwicklungs- und Schwellenländern, weil sie sich im Grunde keinen anderen Entwicklungspfad vorstellen können als denjenigen, den die eigenen Gesellschaften durchlaufen haben und der sie reich gemacht hat. Sie wissen aber auch, dass diese ihre Lebensweise ohne ökologische Katastrophe nicht weltweit realisiert werden kann.

Die Gesellschaften in den meisten Ländern Asiens, Afrikas und Südamerikas blicken hingegen auf eine lange Geschichte von Imperialismus und Kolonialismus zurück mit einer massiven Ausbeutung von Mensch, Gesellschaft und Natur. Und jetzt sollen sie als Sündenböcke für die aktuelle ökologische Krise herhalten. Das akzeptieren sie nicht. Die mehr oder weniger versteckte Forderung, sie sollten Verzicht üben – verzichten auf Kinder, auf wirtschaftliche Entwicklung –, damit die Menschen im Westen ihren Lebensstil aufrechterhalten können, wird als neokolonialistisch entlarvt.

Dennoch: Im Süden wie im Norden wird die Frage, wie die Menschen in den nächsten Jahrzehnten wirtschaften und leben, darüber entscheiden, ob und in welcher Qualität die Lebensgrundlagen für uns und unsere Nachfahren erhalten bleiben. Es kann auch kaum bestritten werden, dass es für die Ökosysteme und die letztlich von ihnen abhängigen Menschen überall auf der Erde wenig Gutes verheißt, sollte einmal die Mehrheit der Weltbevölkerung so viel Auto fahren, konsumieren und wegwerfen wie die Menschen in den sogenannt entwickelten Ländern.

Was tun? Die einseitige Fokussierung auf das angebliche Tabu der Bevölkerungszahl bringt für den Schutz der Lebensgrundlagen der Menschheit wenig. Sie lenkt sogar von der eigentlichen Herausforderung ab, zu debattieren, wie ein nachhaltiges Wirtschaften in einer Welt mit begrenzten Ressourcen heute aussehen müsste. Wie eine neue Art von Wirtschaft gestaltet werden kann, die ohne Raubbau an der Natur für alle Menschen, im Süden wie im Norden, würdige Lebensperspektiven eröffnet. Wer sich ernsthaft mit den Herausforderungen eines globalen Umweltschutzes beschäftigt, kommt auch nicht um die Frage herum, ob die Ausbeutung von Natur und Mensch nicht eine zwingende Folge der Profit- und Wachstumslogik des herrschenden kapitalistischen Systems ist. Und er wird einsehen müssen, dass für einen Übergang in eine grünere Zukunft auch die Fragen von Macht, Verteilung von Ressourcen und Gerechtigkeit thematisiert werden müssen.

Zum Aufbau des Buchs

Im ersten Kapitel werfen wir einen Blick zurück. Die Gedankengebäude von Ecopop, Population Connection und anderen Organisationen stehen auf einem alten Fundament, das bis mindestens ins 18. Jahrhundert zurückreicht. Wer dieses Fundament gelegt hat, wie bekannte und unbekannte Architekten durch die Jahrhunderte hindurch darauf das Hauptgebäude errichtet und mit zahlreichen Nebenbauten ergänzt haben, das ist hier das Thema. Es soll gezeigt werden, wie es zur Verwechslung respektive Vermischung von Fragen der Ernährungssicherheit, des Umweltschutzes und der Bevölkerungspolitik kam und dass diese lange Tradition auch ziemlich unheimliche Väter hat.

Das zweite Kapitel mit Beiträgen von Gastautorinnen und Gastautoren zeigt, weshalb die Strategien der Bevölkerungspolitiker nicht zum Ziel einer umweltfreundlicheren Welt führen können. Die wichtigsten Faktoren des Bevölkerungswachstums werden erläutert, demografische Fakten werden ebenso aufgezeigt wie negative Auswirkungen einer von oben herab geplanten Bevölkerungspolitik. Weiter wird deutlich gemacht, wie eine einseitige Fokussierung auf Bevölkerungsprogramme in einem neoliberalen Kontext trotz anderslautender Bekundungen die Anstrengungen der Frauenbewegung für mehr Selbstbestimmung instrumentalisiert und korrumpiert.

Das dritte Kapitel beschäftigt sich damit, wie nationalstaatliche Grenzen und völkische Kategorien Eingang fanden in die Programme der Bevölkerungspolitikerinnen und Umweltschützer, welche Allianzen geschmiedet und welche Debatten ausgelöst wurden und wie wenig eine klare Distanzierung gegen rechtsnationale bis faschistoide Tendenzen gelang. Auch in der Schweiz zeigt es sich, dass die Vereinigung Ecopop erst aus ihrem jahrzehntelangen Nischendasein herausfand, als sie die seit langem rechtsnational bewirtschaftete Forderung nach einem Zuwanderungsstopp in den Vordergrund stellte.

Als Einschub öffnet das vierte Kapitel den Blick auf die unheimlichen Ökologen über das Thema der Bevölkerungspolitik hinaus. Wir diskutieren, wie sich erkennen lässt, wenn ökologische Bewegungen sich zum Antihumanismus hinwenden.

Im fünften und letzten Kapitel wagen wir einen Blick in die Zukunft. Mit der Feststellung, dass die Herausforderungen vor allem gesellschaftlicher und politischer Natur sind, stellt sich die Frage, welche Schritte notwendig sind auf dem Weg in eine ökologisch und sozial nachhaltige Zukunft für alle Menschen. Wir plädieren hier für eine andere Definition von Wohlstand und für dessen gerechte Verteilung. Gerade die reichen Gesellschaften kommen nicht darum herum, neben technischen Lösungen auch konkrete politische und gesellschaftliche Perspektiven zu entwickeln, wie sie sich Richtung Suffizienz entwickeln können, ohne dass dies zur Verarmung breiter Bevölkerungsschichten führt.

Die unheimlichen Geburtshelfer der Umweltbewegung

Von Malthus bis Ehrlich

»Die Bemühungen zur Bewahrung der Pflanzenwelt, der wilden Tiere und der Regenwälder, und der Kreuzzug für eine Senkung der Geburtenraten verschmolzen im damaligen Alltagsverständnis zu einem Ganzen: Nicht Maschinen, sondern Menschen verschmutzten die Umwelt.«
Allan Chase, 1980[14]

Heute gehört die Ökologiebewegung zu einer der weltweit stärksten Bewegungen. Die NGOs im Umweltbereich sind zu einem Machtfaktor geworden. Doch seit wann spricht man in der Öffentlichkeit überhaupt im heutigen Sinn von Ökologie? Warum und in welchen Zusammenhängen ist die Umweltbewegung entstanden? Erleben wir heute in der Schweiz ein Novum, wenn plötzlich Bevölkerungswachstum und Zuwanderung als wesentliche Ursachen der Umweltzerstörung und der Zersiedelung gelten und der »Dichtestress« beklagt wird? Oder findet vielmehr eine Wiederkehr der 1960er-Jahre statt?

Um diese Fragen zu beantworten, richten wir den Blick zuerst in die Ferne, in die Vereinigten Staaten von Amerika. Und wir blicken zurück in die Vergangenheit der späten 1960er-Jahre.

Ein kleines Raumschiff: der blaue Planet

Wir beginnen mit einem Bild, das alle kennen: das Bild des blauen Planeten. Das wohl berühmteste Bild der Erde vor der unendlichen schwarzen Weite des Alls wurde 1972 von der Crew der Apollo 17 auf dem Weg zur letzten bemannten Mondlandung aufgenommen. Es gilt als eines der am häufigsten reproduzierten Bilder der Welt. Das Bild der blauen Murmel schaffte es als Symbol für die Verletzlichkeit und Endlichkeit unseres Planeten auf Buchtitel, Plakate und T-Shirts der aufkommenden Umweltbewegung. Joachim Radkau, der sich historisch mit der Entstehung der Bewegung beschäftigt hat, spricht in seiner großen Weltgeschichte der Ökologie mit Blick auf das Bild des blauen Planeten gar von einer umgekehrten kopernikanischen Wende: »War die Erde seit Kopernikus ein Planet unter anderen, wurde sie jetzt wieder zu etwas Einzigartigem im All: zu etwas Schönem und zugleich Verletzlichem.«[15]

Dieses Bild steht damit auch sinnbildlich für einen Wandel im Denken, für eine neue Form des Umweltschutzes. Schon Jahrzehnte vor der eigentlichen Umweltbewegung hatte eine gesellschaftliche Elite ihrer Sorge um Wälder und Landschaften nachgelebt, die ersten Nationalparks geschaffen und sich für den Artenschutz engagiert. Doch erst Ende der 1960er-Jahre wurde aus diesem konservativ bewahrenden Natur- und Tierschutz eine eigentliche Massenbewegung, die sich nun für Ökologie in einem breiteren Sinne einsetzte. Mit neuen Themen wie dem Widerstand gegen die Atomkraft. Mit neuen Schlagworten wie »Grenzen des Wachstums«. Und mit einem neuen, von der Biologie geprägten Blick auf den Menschen. Er rückte nicht länger die Menschen als Einzelpersonen oder die Gesellschaft ins Zentrum der Überlegungen, sondern die Menschheit als Art. Die Angst breitete sich aus, die Menschheit würde mit der natürlichen Vielfalt des Planeten Erde gleichzeitig ihre ureigene Lebensgrundlage zerstören.

Von Anfang der 1960er- bis in die frühen 70er-Jahre fand in den USA eine eigentliche ökologische Revolution statt. Das Interesse der Öffentlichkeit stieg massiv. Hatte der Sierra Club, die älteste amerikanische Naturschutzorganisation, 1950 erst 7000 Mitglieder, so waren es zehn Jahre später bereits doppelt so viele. Von 1960 bis 1970 versechsfachte sich diese Zahl noch einmal auf über 80 000 Mitglieder. In der gleichen Periode stieg auch die Anzahl der Artikel zu Umweltfragen in populären amerikanischen Zeitschriften um das Dreifache.[16] Am ersten Earth Day, an dem sich in den USA am 22. April 1970 etwa 20 Millionen Menschen beteiligten, manifestierte sich die neue Bewegung eindrücklich in der Öffentlichkeit.

Einen einzigen zwingenden Grund für diese eindrücklichen Entwicklungen zu nennen fällt schwer. Verschiedene Wurzeln und diverse gedankliche Hintergründe verdichteten sich offensichtlich zu einem Konglomerat, dem die Bezeichnung »Umweltbewegung« bloß eine scheinbare Klammer gibt. Immerhin lassen sich einzelne gedankliche Leitmotive erkennen, die bis heute das Denken der Umweltbewegten prägen.

Drei Leitmotive der neuen Umweltbewegung

Ein erstes Leitmotiv, das immer wieder auftaucht, ist die Warnung vor unsichtbaren ökologischen Gefahren. Sie wurden als Bedrohungen dargestellt, die nicht direkt wahrgenommen werden können, die sich aber im Versteckten so lange aufstauen, bis sie plötzlich dammbruchartige Zerstörungen anrichten.[17]

Rachel Carsons Bestseller *Der stumme Frühling*[18], für viele das Schlüsselwerk der modernen Ökologie,[19] zeigte 1962 am Beispiel einer fiktiven amerikanischen Kleinstadt die Gefahren von Pestiziden, insbesondere von DDT. Carson illustrierte, dass die Aufnahme selbst winziger Mengen von Giften, wenn sich diese einmal in der Nahrungskette anreichern, zum Tod der Tierwelt führt und schließlich auch die Menschen krank macht.

In den späten 1950er- und in den 60er-Jahren wurden auch die unsichtbaren Gefahren der Radioaktivität zum Thema. Zuerst konzentrierte sich die Auseinandersetzung auf die oberirdischen Atombombentests und die Bedrohung durch den nuklearen Fallout. Später kam der Widerstand gegen die friedliche Nutzung der Atomenergie dazu. Die neue Technik wurde auch in Naturschutzkreisen zuerst kontrovers diskutiert, bevor der Kampf gegen die Atomkraft im Lauf der 1970er-Jahre schließlich den gemeinsamen Nenner der verschiedensten Umweltorganisationen bildete.

Als ein zweites Leitmotiv gilt die kritische Hinterfragung des Wachstums. Kenneth Boulding prägte 1966 den Begriff des »Raumschiffs Erde« und formulierte den Gegensatz zwischen einer zukunftsweisenden Raumschiff-Ökonomie, welche geschlossene Stoffkreisläufe voraussetzt, und der herrschenden »Cowboy-Ökonomie«, die von einer unbegrenzten Erde mit immer neuen, noch nicht eroberten Welten und endlosen Rohstoffvorräten ausgeht.[20] Wachstumskritik war ein schillernder Begriff und blieb dies bis heute. Je nach Perspektive wurde Unterschiedliches darunter verstanden: Boulding argumentierte ökonomisch gegen ein endloses Wirtschaftswachstum. Für Hippies sowie für kulturpessimistische Konservative stand Wachstumskritik dagegen eher für eine sozial- und gesellschaftskritische Haltung, welche die Versprechungen des Konsumismus der Wirtschaftswunderjahre hinterfragte. Oft wurde der Begriff aber auch mit einem biologistischen Hintergrund genutzt, und noch vor dem Wirtschaftswachstum wurde eine vermeintliche Bevölkerungsexplosion ins Zentrum der Kritik gestellt. Spätestens 1972 mit dem Erscheinen des ersten Berichts an den Club of Rome zu den »Grenzen des Wachstums«[21] wurde diese letzte Lesart dominant.

Ein drittes Leitmotiv bildet schließlich die romantische Sehnsucht nach Bewahrung und natürlicher Ordnung. Sie drückt sich in Versuchen aus, wieder einen Zustand der Natürlichkeit herzustellen, der bedroht oder bereits verloren gegangen ist. Sie war bereits im Kampf für den Erhalt der Natur zum Ausdruck gekommen, den der Sierra Club mit seinem jahrzehntelangen Engagement für die Schaffung von Nationalparks und gegen die Abholzung der traditionellen Redwoods geführt hatte.

Doch nicht nur die unberührte Natur wurde zum Gegenstand der Sorge, sondern auch die Entmenschlichung der Moderne und die soziale Zerrüttung in den unwirtlichen Großstädten. Nicht nur national-konservative Kräfte schürten die Angst davor, sondern ebenso linkslibertäre, die eine Dezentralisierung und Basisdemokratie propagierten. Eine ganze Generation von Aussteigern zog sich aufs Land und in Kommunen zurück, um sich dem »natürlichen Leben« zu widmen, das in den Städten nicht mehr möglich schien.

Alle drei Motive – die Angst vor schleichenden Gefahren, die erst dann wirklich sichtbar werden, wenn es bereits zu spät ist, die Kritik am Wachstum und die Sorge um die natürliche Ordnung – verschränkten sich bei vielen der neuen Umweltbewegten der 1970er-Jahre zu einem gemeinsamen Nenner: der Angst vor einer ungebremsten weltweiten Bevölkerungsexplosion mit katastrophalen Folgen.

Malthus' Kampf gegen die Hungerleider

Diese Angst wurde durch drastische und konkrete Szenarien genährt. 1972 prophezeite der Bericht des Club of Rome, dass »selbst unter der optimistischen Annahme, dass alles potenziell bebaubare Land auf der Erdoberfläche landwirtschaftlich genutzt würde, schon vor dem Jahr 2000 eine hoffnungslose Landknappheit auftreten muss, wenn das Bevölkerungswachstum wie heute anhält«.[22]

Die wiederkehrende Warnung vor dem Auseinanderklaffen der Bevölkerungs- und Nahrungskurve hat eine lange Geschichte. Schon zwei Jahrhunderte vor dem Club of Rome warnte Thomas R. Malthus davor, dass die Bevölkerung bald nicht mehr ernährt werden könne. Sein 1798 erschienener *Essay on the Principle of Population*[23] schlug hohe Wellen. Malthus hat damals eine Debatte ausgelöst, die bis heute niemanden kalt lässt. Wer war dieser Malthus? Und was waren seine Überlegungen?

Der britische Ökonom Thomas R. Malthus (1766–1834) lebte in England. Er war zunächst als anglikanischer Pfarrer tätig. 1806 wurde er Professor für Wirtschaftswissenschaften am Haileybury College bei London, an einem der ersten Lehrstühle für politische Ökonomie überhaupt. Sein *Essay on the Principle of Population* besteht nicht nur aus der Formulierung des Bevölkerungsgesetzes, sondern war auch eine Entgegnung auf die Werke des englischen Schriftstellers und Philosophen William Godwin (1756–1836) und des französischen Aufklärers Marquis de Condorcet (1743–1794), welche stark von der Französischen Revolution geprägt waren. Anders als Malthus glaubten Godwin und Condorcet an die Verwirklichung einer egalitäreren Gesellschaft, in welcher sozialer, wissenschaftlicher und kultureller Fortschritt Wohlstand für alle schaffen sollte.[24]

Malthus' Bevölkerungsgesetz beruht auf zwei Grundannahmen. Erstens: Alle Lebewesen tendieren dazu, sich in einer »geometrischen Reihe« zu vermehren. Heutzutage würde man diese Art von Wachstum exponentiell nennen. Die Nahrungsmittelproduktion lässt sich hingegen nur in einer linearen Reihe steigern. Die Größe der Bevölkerung und die Menge der verfügbaren Nahrungsmittel sind schon bald nicht mehr deckungsgleich und klaffen mit der Zeit immer weiter auseinander. Im schlimmsten Fall kommt es zu Hungersnöten und Seuchen, welche die Bevölkerungszahl wieder auf ein »verträgliches« Niveau senken. Zweitens: Armut ist notwendig, denn nur sie kann die Menschen von einer zu starken Vermehrung abhalten. Gemäß Malthus geschieht dies als vorbeugendes Hemmnis, von ihm als »preventive check« bezeichnet, oder als nachwirkendes Hemmnis, dem »positive check«.[25]

Malthus' Idee des vorbeugenden Hemmnisses beruhte auf der verbreiteten Sorge, bei einer Familiengründung einen sozialen Abstieg in Kauf nehmen zu müssen. »Die Söhne von Händlern und Pächtern werden ermahnt, nicht zu heiraten, [...] bis sie über ein Geschäft oder ein Landgut verfügen, das sie in den Stand versetzt, eine Familie zu unterhalten.«[26] Das vorbeugende Hemmnis bei Arbeitern beschrieb Malthus wie folgt: »Der Arbeiter, der pro Tag 18 Pence verdient und als lediger Mann einigermaßen einträglich lebt, wird ein wenig zögern, ehe er sein bescheidenes Einkommen, das gerade für einen einzelnen zu genügen scheint, unter vier oder fünf aufteilt.«[27] Als nachwirkendes Hemmnis bezeichnet Malthus das vorzeitige Sterben aufgrund von Mangelernährung. Es bremst eine bereits begonnene Bevölkerungszunahme ab und ist bei Kindern von Armen besonders wirksam.

Um Hunger und Tod als Folge einer Bevölkerungszunahme zu vermeiden, verfocht Malthus die Notwendigkeit, die Wirkung der vorbeugenden Hemmnisse nicht zu beschränken. Aus dieser Überlegung heraus bekämpfte er die zu seinen Lebzeiten neu eingeführten Gesetze zur Unterstützung der Armen in England. Noch schlimmer wäre seiner Meinung nach die Einrichtung einer wirklich egalitären Gesellschaft, wie sie zum Beispiel dem Sozialisten William Godwin vorschwebte. Malthus befürchtete, dass die Anreize für eine Bevölkerungsvermehrung in einem derartigen System so groß wären, dass sich Englands Bevölkerung spätestens nach fünfzig Jahren auf 28 Millionen vervierfacht hätte. Nur ein halbes Jahrhundert nach Errichtung der vermeintlichen Modellgesellschaft würde die englische Gesellschaft aufgrund von Hunger und Elend unweigerlich in Chaos und Anarchie versinken.[28] Die Armengesetze würden die Lage der Habenichtse also keineswegs verbessern, sondern verschlechtern: »Die Armengesetze bringen in einem gewissen Ausmaß die Armen, die sie unterhalten, selbst hervor.«[29] Stoßend fand Malthus auch, dass ein armer Mann »mit geringer oder auch gar keiner Aussicht, eine Familie von sich aus ernähren zu können«[30], überhaupt heiraten konnte.

Malthus hatte zwei große Fragen miteinander verknüpft: Die Ernährung und die Bevölkerungskontrolle. Damit hatte er für viele Jahrzehnte Erklärungsmuster für Elend und Hunger bereitgestellt, deren kaum hinterfragte Verwendung später dazu führte, dass die Wirklichkeit die ursprüngliche These zu bestätigen schien. Das bekannteste Beispiel ist die große Hungersnot in Irland von 1846 bis 1849. Zwei Millionen Menschen starben oder emigrierten. Viele sahen im irischen Drama den Beweis für die Richtigkeit von Malthus' Bevölkerungsgesetz. Und übersahen dabei, dass es auch eine andere Lesart gab. Irland war wohl Teil der englischen Krone, aber de facto dennoch vergleichbar mit einer Kolonie. Die irischen Bauern hatten kaum Zugang zu fruchtbarem Land. So exportierten die englischen Gutsherren auf den irischen Landwirtschaftsgütern selbst dann noch irisches Getreide in Richtung England, als bereits ungezählte Menschen hungerten. Verschärfend und vergleichbar zu Situationen in jüngerer Vergangenheit kam hinzu, dass die Landbesitzer beinahe flächendeckend auf Kartoffelanbau gesetzt hatten, der höhere Profite versprach. Ursächlicher Auslöser für die Hungersnot in Irland war also nicht die Bevölkerungsdichte, sondern der ungerecht verteilte Grundbesitz und die Bewirtschaftung des landwirtschaftlichen Landes als Monokultur.[31]

Malthus hatte in apokalyptischen Tönen vor den Gefahren des Bevölkerungswachstums gewarnt, gleichzeitig aber auf einer Ordnung beharrt, in der die Reichen das Sagen hatten. Bei Malthus, aber auch bei seinen späteren Geistesverwandten wie Paul Ehrlich oder Vertretern von Ecopop kommen die Armen meist nur als Zahlen vor. Nicht als handelnde Subjekte, sondern als bedrohliche »Masse«.

Eugenik und Antikommunismus

Malthus' Sorge war, wie wir gesehen haben, eine doppelte. Er kritisierte nicht nur das Bevölkerungswachstum an sich. Zuwider war ihm vor allem die ungehemmte Vermehrung der Armen. Einer verwandten Logik zugetan waren auch einige Protagonisten der Naturschutzbewegung. Sie hatten sich selbst nicht nur die Rolle zugedacht, als Biologen darüber entscheiden zu können, was denn die gute, schützenswerte Natur sei und welche menschlichen Eingriffe zur Erhaltung des »natürlichen Gleichgewichts« nötig seien. Nicht wenige von ihnen fühlten sich auch einer Disziplin verbunden, welche die gleiche Logik auf die Menschen übertrug: der Eugenik.

Der Erfinder des Begriffs Eugenik ist der Brite Francis Galton, ein Kind der viktorianischen Zeit. Der Cousin von Charles Darwin war Naturforscher mit sehr breitem Interessengebiet. So soll er als Geograf die erste Wetterkarte entwickelt haben und er gilt als Vater der Daktyloskopie, des noch heute verwendeten Klassifizierungssystems für Fingerabdrücke. Er beschäftigte sich aber nicht nur mit Biometrie, sondern auch mit statistischer Korrelation und mit der Vererbungslehre, insbesondere mit der Vererbung von Intelligenz und Talent.

Galton vertrat die These, dass gute Gene die Grundlage außerordentlicher Fähigkeiten sind und zum gesellschaftlichen Wert von Menschen beitragen. Deshalb müssten die guten Gene in den höheren Klassen stärker vertreten sein als in der Unterschicht. Galton zeigte, dass Personen, die in Lexika als wichtige Persönlichkeiten galten, zu einem großen Teil verwandt waren. Er schloss daraus, dass Genie erblich sei. Die in der Unterschicht herrschende Armut, die Krankheiten, die fehlende Bildung und die höhere Kriminalität erklärte er nicht nur mit der zu großen Anzahl der Betroffenen, wie dies klassisch malthusianischem Denken entspricht. Er betrachtete diese Probleme ganz direkt auch als biologische Erbsünde der Betroffenen. »Meine Theorie wird durch die Tatsache bestätigt, dass die Angehörigen alter Zivilisationen weit weniger empfindlich sind als diejenigen, die vor noch nicht allzu langer Zeit aus dem Stadium der Barbarei befreit worden sind und deren Natur ihren moralischen Bedürfnissen nicht entspricht. Das Bewusstsein eines Negers kann seine eigene wilde, impulsive Natur kaum beherrschen, und es kann von einem Priester leicht erregt werden. Hingegen ist es beinahe unmöglich, die Gleichgültigkeit eines gefestigten Chinesen auch nur zu kräuseln. Gemäß meiner Theorie der Erbsünde ist der Mensch nicht von einem hohen Erbstand abgestiegen, sondern spät von einem tiefen aufgestiegen. [...] Nach Myriaden von Jahren der Barbarei wurde unsere Rasse erst in der jüngsten Zeit zivilisiert und religiös.«[32] Nicht durch Sühne kann deshalb die Erbsünde überwunden werden, sondern nur indem die unzivilisierten Wurzeln des Menschen weggezüchtet werden.

Wirtschaftliche und politische Voraussetzungen gesellschaftlicher Schichtbildung ließ Galton außer Acht. Für ihn galt es, die menschliche Rasse als Ganzes zu verbessern. Entsprechend sollten sich die Menschen der guten, oberen Schichten stärker vermehren und die der schlechten, untersten am besten gar nicht.[33]

Die eugenische Idee Galtons, von Staates wegen bei den Menschen die Vermehrung der schlechten Gene zu beschränken und jene der guten zu fördern, verbreitete sich Anfang des 20. Jahrhunderts nicht nur in politisch konservativen und völkisch rechten Kreisen sehr schnell. Auch aus sozialdemokratischer und sozialistischer Perspektive wurde die Idee vom »utopischen Homunkulus des allseits gesunden, vervollkommneten ›neuen Menschen‹ im präventiv und prophylaktisch operierenden Sozialstaat«[34] propagiert.

Die eugenische Idee wurde schließlich im »Dritten Reich« durch die nationalsozialistische Rassenhygiene in einer vorher ungekannten Radikalität in die Tat umgesetzt. Die Nazis töteten auch sogenannt unwertes Leben, zuerst durch die Verabreichung von Medikamenten, später auch in den Gaskammern.

Die Eugeniker änderten nach dem Zweiten Weltkrieg ihre Grundhaltung trotz dieser erschreckenden Erfahrung einer praktisch umgesetzten eugenischen Politik nicht fundamental. Sie blieben noch lange politisch einflussreich – in den USA und, unter anderem, auch im sozialdemokratischen Schweden.[35] Allerdings war die eugenische Bewegung angesichts der schrecklichen Ereignisse in Nazideutschland gezwungen, vorsichtiger aufzutreten und sich einer anderen, weniger rassistischen Terminologie zu bedienen.

Zum Beispiel die American Birth Control League: Sie sah eine wichtige Ursache des Ersten Weltkriegs in der Überbevölkerung in Europa. Eine aktive Bevölkerungspolitik war ihr ein wichtiges Anliegen und so organisierte sie mit Unterstützung der Rockefeller-Stiftung (siehe auch S. 42) 1927 die erste Weltbevölkerungskonferenz in Genf. Die Stiftung änderte ihren Namen bereits während des Zweiten Weltkriegs in Planned Parenthood Federation of America, ohne allerdings die personelle und finanzielle Verbindung mit der eugenischen Bewegung abzubrechen. An die Stelle einer offenen eugenischen Argumentation trat innerhalb der eugenischen Netzwerke nun der Kampf gegen Überbevölkerung. Treibende Kräfte waren beispielsweise Frank W. Notestein, erster Direktor der 1946 gegründeten UNO-Bevölkerungsabteilung und von 1959 bis 1968 Präsident des Population Council (siehe Seite 41). Er und sein Nachfolger bei der UNO-Bevölkerungsabteilung, Pascal Whelpton, waren beide Direktoren der American Eugenics Society.[36] Seit Beginn des Kalten Krieges wurde die »Überbevölkerung« der sogenannten Entwicklungsländer besonders in den Vereinigten Staaten als große Bedrohung dargestellt. Das hatte auch damit zu tun, dass die USA fürchteten, die Bewohner armer Länder könnten sich als anfällig für den Kommunismus erweisen. Deswegen koppelten die USA ihre Entwicklungshilfe an bevölkerungspolitische Maßnahmen. Denn die Armut – sofern sie diese überhaupt wahrzunehmen vermochten – wurde nicht etwa der strukturellen Ausbeutung, sondern der Überbevölkerung zugeschrieben. Entsprechend sah die amerikanische Politik den Kampf gegen die Überbevölkerung des Trikont auch als zentralen geostrategischen Einsatz des Westens.[37]

Bevölkerungspolitik im ökologischen Gewand

Mehrheitsfähig wurde der Fokus auf die Bevölkerungspolitik aber erst dank der neuen, ökologischen Begründung, welche nicht nur die eugenischen, sondern auch die geostrategischen Zielsetzungen überdeckte.

Das erste einer Reihe von Büchern, welche die Überbevölkerung als Hauptgrund einer möglichen globalen Umweltkatastrophe nannten, erschien bereits 1948. Henry Fairfield Osborns Buch *Our Plundered Planet* sollte zum Vorboten einer lawinenartigen Entwicklung werden.[38]

Eine zentrale Rolle bei der Verankerung der umweltpolitischen Begründung der Bevölkerungspolitik spielte der amerikanische Sierra

Club. Er entwickelte ab 1965 eine klare bevölkerungspolitische Position und forderte 1969 sowohl in den Vereinigten Staaten als auch weltweit eine Beschränkung des Bevölkerungswachstums.[39]

Zudem gelang dem Sierra Club ein Coup, der die Debatte für Jahre dominieren sollte. David Brower, der erste Executive Director des Sierra Club, gab beim Biologen Paul Ehrlich ein Buch in Auftrag, das Bevölkerungspolitik und Umweltschutz in populistischer Art und Weise miteinander verknüpfte. Es trug den eingängigen Titel *Die Bevölkerungsbombe*[40] und belegte die angebliche Menschheitsbedrohung Überbevölkerung so mit einem Namen, der bestens in jene Zeit des Kalten Krieges mit der ständigen Bedrohung durch die Atombomben der Großmächte passte.

Brower war kein unkritischer Mensch und durchaus imstande, auch hergebrachte Positionen infrage zu stellen. So spielte er eine wichtige Rolle in den damals harten Auseinandersetzungen zur Haltung der Natur- und Umweltschutzbewegung gegenüber der Atomenergie. Weil der Sierra Club die Canyons im Westen der USA vor Wasserkraftwerken bewahren wollte und aus diesem Grund AKWs befürwortete, brach Brower als AKW-Gegner mit dem Club. Der Erfinder des Slogans »Global denken, lokal handeln« gründete 1969 die neue Organisation Friends of the Earth.

Die Verquickung von Umweltschutz und Bevölkerungspolitik war für Brower dagegen nicht problematisch, er begrüßte sie vielmehr ausdrücklich, denn, so Brower, »die Überbevölkerung ist vielleicht das größte Problem, mit dem wir konfrontiert sind, und die Zuwanderung ist Teil dieses Problems«.[41] In einem Newsletter »Earth First!« soll er sogar eine staatliche Kontrolle der menschlichen Fortpflanzung gefordert haben: »Kinderkriegen sollte ein strafwürdiges Verbrechen gegen die Gesellschaft sein, außer die Eltern haben eine staatliche Lizenz dazu. [...] Alle potenziellen Eltern müssten verhütende Chemikalien erhalten.«[42]

Ehrlichs Buch wurde prompt zum Bestseller. Der Autor engagierte sich auch nach der Buchpublikation weiter als bevölkerungspolitischer Mahner. Er war 1968 einer der Gründerväter der Organisation Zero Population Growth, die heute unter dem Namen Population Connection aktiv ist. Die Organisation warnt auf ihrer Website vor einer Bevölkerungszahl von 11 Milliarden Menschen bis 2050 und 27 Milliarden Menschen bis zum Ende des 21. Jahrhunderts.

Auch andere Umweltorganisationen zählten klare Verfechter der Eugenik zu ihren Mitgliedern. So war Sir Julian Sorell Huxley nicht nur WWF-Mitgründer und erster Generaldirektor der UNESCO, sondern auch Mitglied der britischen Population Investigation Commission und Vizepräsident der American Eugenics Society von 1937 bis 1944. Ein öffentlicher Verfechter der Eugenik also, welcher – wie der WWF selbstkritisch schreibt – der Organisation bis heute noch negative Schlagzeilen bringt.[43] Sein Bruder Aldous Huxley, der in seinem bekannten Roman *Schöne neue Welt* (1932) Kritik an der Eugenik formulierte, ließ diese in seinem späteren Werk *Island* (1962) fallen und vertrat gegenteilige Ansichten.

In den 1970er-Jahren trug auch der Club of Rome das Bewusstsein für die Grenzen (exponentiellen) Wachstums in die Öffentlichkeit. Die Organisation rückte erstmals die Verschwendung von nicht erneuerbaren Ressourcen ins Zentrum der Diskussionen und kritisierte eine Entwicklung, die in ihren Augen die Lebensgrundlagen der Menschen zu untergraben drohte. Allerdings trat der Club of Rome – im Gegensatz zur politisch motivierten Infragestellung der bürgerlichen Gesellschaft durch die linken Achtundsechziger – betont mathematisch-naturwissenschaftlich auf. Kein Wunder, wenn man bedenkt, dass die Idee zu seiner Gründung vom italienischen Industriellen Aurelio Peccei und vom schottischen OECD-Direktor Alexander King kam. Der erste Bericht[44] machte mit einem Computermodell aufsehenerregende Prognosen. Allerdings war das verwendete Weltmodell – nur schon aufgrund der damaligen Rechenkapazitäten – extrem vereinfachend. Dennoch trug der Bericht über die »Grenzen des Wachstums« dazu bei, den Begriff der Umweltverschmutzung mit dem der Überbevölkerung auf angeblich wissenschaftliche Weise zu einem einzigen globalen Problemkomplex zu verschmelzen, wobei das Thema publikumstauglich zugespitzt wurde. Ehrlichs Kampfschrift und die Simulationen im Club-of-Rome-Bericht hatten bei ihrer Publikation bereits Kritiker.[45] Sie fragten nach den Konsequenzen, wenn Menschen zu Zahlen werden. Blenden Computersimulationen nicht wesentliche Fakten aus? Sie hinterfragten die Macht, die durch die Bevorzugung oder Benachteiligung bestimmter Menschengruppen entstand. Auch innerhalb der amerikanischen Umweltbewegung fanden harte Auseinandersetzungen statt.[46]

Ein erstes Fazit

Fassen wir zusammen: Die Ursache von Armut und Hunger, Umweltverschmutzung, Klimawandel und Ressourcenverknappung monokausal in einem vermeintlich unkontrollierten Bevölkerungswachstum zu sehen, hat eine jahrhundertealte Tradition. Mit dem ökologischen Argument wurde eine Bevölkerungspolitik, die immer auch eine qualitative Einschätzung über den Wert oder Unwert eines Menschen beinhaltet hatte, schließlich mehrheitsfähig. Ob bewusst oder unbewusst diente diese Politik immer der Verschleierung der wirklichen Interessen der Reichen und Mächtigen, der Eliten: Die Armen im eigenen Land, in den ehemaligen Kolonien oder in aufstrebenden Entwicklungs- und Schwellenländern sollten, indem ihnen selbst die Schuld an ihrer Armut zugeschrieben wurde, davon abgehalten werden, auch ein größeres Stück des Kuchens einzufordern.

Um eine wirklich nachhaltige Entwicklung anzugehen, muss das Bevölkerungsargument demontiert werden. Kommen wir also am Schluss des Kapitels zur Debatte zurück, die Malthus vor über 200 Jahren angestoßen hat. Die Sorge um die Sicherung der Nahrungsmittelproduktion ist wahrscheinlich so alt wie die Menschheit selber. Weil alle Sorgen um den Erhalt von Ökosystemen, den Klimawandel, die ökologische Tragfähigkeit der Erde uns letztlich auch auf die

Frage zurückwerfen, wie alle auf der Erde lebenden Menschen langfristig ernährt werden können, bleibt diese Frage auch heute wichtig.

Malthus hatte versucht, die Gesetze und Grenzen des (exponentiellen) Wachstums zu formulieren – im Hinblick auf die zahlenmäßige Entwicklung der Bevölkerung. Zeitweise schien ihm die Geschichte recht zu geben: Die Weltbevölkerung wuchs bis weit ins 20. Jahrhundert hinein tatsächlich exponentiell oder sogar noch stärker. Seit der stärksten Wachstumsphase in den 1970er-Jahren geht das Bevölkerungswachstum jedoch kontinuierlich zurück. Die Bevölkerung wächst nicht unkontrolliert, im Gegenteil, ihr Wachstum tendiert bis Ende des Jahrhunderts gegen null. Die Bevölkerung wird sich voraussichtlich noch in diesem Jahrhundert auf einem Stand zwischen etwa 10 und 11 Milliarden Menschen einpendeln (siehe Seite 53 ff.). Malthus' Vorhersage zur Bevölkerungsexplosion war also falsch. Malthus hatte ebenso unrecht mit der zweiten Grundannahme, dass die Produktion von Nahrungsmitteln mit dem nicht linearen Wachstum der Bevölkerung unmöglich Schritt halten könne.

Auch Paul Ehrlich lag mit seinen düsteren Prognosen ziemlich daneben. Der Hunger ist zwar nicht aus der Welt geschafft, aber zu den von ihm prophezeiten Hunderten von Millionen Toten in den 1970er-Jahren[47] ist es glücklicherweise nicht gekommen. Malthus wie Ehrlich hatten ihre Thesen der Öffentlichkeit als unumstößliche, objektive Naturgesetze präsentiert. Sie haben dabei aber ganz offensichtlich das Potenzial der gesellschaftlichen Innovationskraft unterschätzt. Der Mensch ist kein von der Natur vollkommen determiniertes Wesen. Er hat die Fähigkeit, über sein eigenes Dasein nachzudenken. Er kann – wie Malthus und Ehrlich – versuchen, die Zukunft vorauszusagen; er kann natur- und sozialwissenschaftliche Forschung betreiben; er kann neue Techniken erfinden und neue Formen des Zusammenlebens entwerfen. Dies ist in den zwei Jahrhunderten nach Malthus geschehen. Die Kindersterblichkeit wurde dank medizinischer Fortschritte reduziert, die durchschnittliche Kinderzahl sank aufgrund verschiedener Faktoren: Entwicklung moderner Verhütungsmittel; Fortschritte beim Aufbau von Gesundheitssystemen für breite Bevölkerungsschichten; vermehrter Zugang der Menschen zu Bildung; Fortschritte bei der Gleichstellung von Mann und Frau. Malthus' »vorbeugende Hemmnisse« fielen weg, aber dennoch explodierte die Bevölkerungszahl nicht ins Unendliche. Es zeigte sich vielmehr – auch dies ganz im Gegensatz zu Malthus' Annahmen –, dass die Geburtenzahl in Gesellschaften mit Armut und hoher Sterberate höher ist als in allen Gesellschaften, in welchen sich die Gesundheits- und Lebensbedingungen verbesserten. Dort geht die Kinderzahl zurück und die Bevölkerung stabilisiert sich.

Komplizierter zeigt sich die Situation in Bezug auf die Produktion und Verarbeitung von Nahrung. Seit Malthus ist es immer einfacher geworden, Nahrung zu produzieren. Der Grund: Die kontrollierte Verbrennung von Kohle und später Erdöl vervielfachte die Kraft von Mensch und Tier, die Nutzung von Phosphor und Stickstoff zur Produktion von Kunstdünger trug ebenfalls zur Erhöhung der Erträge bei. Diese Entwicklung stößt heute an Grenzen. Die industrialisierte Landwirtschaft droht ihre eigenen Grundlagen zu untergraben. Die Stichworte dazu sind: Auslaugung, Vergiftung, Erosion der fruchtbaren Böden, Ausbeutung von nicht erneuerbaren Wasserquellen. Verschiedene Rohstoffe werden in absehbarer Zeit knapper werden, gerade auch das für die Landwirtschaft bisher so wichtige Phosphor.[48]

Wurde der Untergang also einfach um einige Jahrzehnte nach hinten verschoben? Paul Ehrlich jedenfalls sieht auch heute noch schwarz. In einem kürzlich erschienenen Interview[49] erläuterte er, dass er zwar die Rolle der »grünen Revolution« unterschätzt habe, heute aber keine neue Technik sehe, welche zu weiteren Ertragssteigerungen führen könnte. Immer noch analysiert er das Problem des Hungers ausschließlich als Frage der Produktion von genügend Nahrungsmitteln.

Der Weltagrarbericht von 2009 hingegen kritisiert das bisherige Modell landwirtschaftlichen Fortschritts, das aus »ständiger Innovation, Senkung der Erzeugerpreise und Externalisierung der Kosten«

bestanden habe. Für die Bewältigung der Zukunft sei ein grundlegender Richtungswechsel nötig, eine eigentliche Neuausrichtung »mit dem Ziel, Armut und Mittellosigkeit zu bekämpfen und der armen Bevölkerung in ländlichen Räumen bessere Möglichkeiten einer Existenzsicherung zu verschaffen«.[50]

Detaillierter wird der 2008 erschienene UNO-Bericht über biologische Landwirtschaft und Ernährungssicherheit in Afrika.[51] Er zeigt auf, dass stark steigende Erträge pro Fläche ohne Raubbau an der Natur möglich sind und gleichzeitig Wege aus der Armut eröffnen können: »Biologische Landwirtschaft hat das Potenzial, die landwirtschaftliche Produktivität zu steigern, die Einkommen mithilfe kostengünstiger, lokal verfügbarer und angepasster Technologien zu erhöhen, ohne Verursachung von Umweltschäden. Zudem zeigen die Ergebnisse, dass mit biologischer Landwirtschaft natürliche Ressourcen aufgebaut, Gemeinschaften gestärkt und menschliche Fähigkeiten verbessert werden. Indem verschiedene Faktoren gleichzeitig berücksichtigt werden, kann die Ernährungssicherheit gesteigert werden.«[52]

Was Malthus und Ehrlich nicht sahen oder nicht sehen wollten, erwähnt der Bericht explizit: Nahrungssicherheit ist nicht einfach eine Frage der Produktionsmenge, sondern genauso eine Frage der Verteilung von Land, Produktionsmitteln und Wissen: »Ein höheres Nahrungsmittelangebot bedeutet keinesfalls automatisch auch eine höhere Nahrungssicherheit. Es ist von Bedeutung, wer die Nahrungsmittel produziert, wer Zugang zu Technik und Wissen über Produktion hat und wer die zum Erwerb nötige Kaufkraft hat. Zudem sind viele Ursachen von Nahrungsmittelunsicherheit nur Symptome, die einen Teufelskreis zur Folge haben und zu immer weiterer Nahrungsunsicherheit führen.«[53]

Wer sich die Mühe gibt, tiefer zu schürfen, erkennt schnell, wie oberflächlich die Beweisführung von Malthus' Bevölkerungsgesetz und Ehrlichs Bevölkerungsbomben-These waren. Eine Bevölkerungspolitik, die kaum mit der Selbstbestimmung der Menschen und der

Achtung ihrer Menschenrechte und -würde in Einklang gebracht werden kann, verliert so nicht nur ihre alarmistische Dringlichkeit, sondern überhaupt jegliche Legitimation.

Umwelt schützen – Bevölkerung reduzieren?

Die Irrwege der Bevölkerungspolitiker

»*Jede individuelle Frau wird hier nicht nur für die Emissionen ihrer Kinder, sondern all ihrer Nachfahren auf lange Sicht verantwortlich gemacht. In diesen Berechnungen fehlt jegliche Vorstellung davon, dass Menschen dazu fähig sind, positive gesellschaftliche und ökologische Veränderungen voranzubringen und dass die nächste Generation den Übergang weg von fossilen Brennstoffen schaffen könnte. Der strafende Blick ist auf Individuen gerichtet statt auf die Bedeutung kapitalistischer Produktions-, Distributions- und Konsumptionsweisen als Ursache globaler Erwärmung.*«
Betsy Hartmann und Elizabeth Barajas-Román, 2013[54]

Malthus behielt zwar nicht recht mit der von ihm prognostizierten Hungerkatastrophe. Und von Paul Ehrlichs düsteren Prognosen ist keine eingetroffen. Aber ist es nicht vielleicht doch so – fragt sich mancher Zeitgenosse –, dass es zu viele Menschen auf der Erde gibt? Aktuell kommen Jahr für Jahr 80 Millionen hinzu. Ist dies nicht ein gravierendes Problem? Für die Ernährungssicherheit, aber auch für die Umwelt, für den Verbrauch an nicht erneuerbaren Rohstoffen? Und was soll schlecht daran sein, diesen Zuwachs mit der Förderung freiwilliger Familienplanungsprogramme im Süden etwas abzuschwächen?

In diesem Kapitel suchen wir Antworten auf diese Fragen. Wir haben Gastautorinnen und Gastautoren eingeladen, ihre Sicht darzulegen. Sie vertreten nicht in allen Fragen die gleiche Meinung. Dennoch ist ihnen allen die Überzeugung gemeinsam, dass die einseitige Fokussierung auf die Frage des Bevölkerungswachstums der verkehrte Ansatz ist.

Im vorigen Kapitel wurde bereits darauf hingewiesen, dass die Beschwörung eines alle gleich betreffenden globalen Menschheitsproblems dazu führt, die Frage der sehr ungleichen Verteilung des Verbrauchs von natürlichen Ressourcen auszublenden. Weshalb die Formel »mehr Menschen gleich mehr Umweltbelastung« in dieser Plattheit falsch ist, weshalb der Kampf gegen Klimawandel und abnehmende Rohstoffvorräte weder mit einer Beschränkung der Anzahl Menschen noch mit ausschließlichen Effizienzsteigerungen in Produktion und Konsum gewonnen werden kann, zeigt der Wissenschaftsjournalist Marcel Hänggi im ersten Beitrag auf.

Drei weitere Beiträge stammen von Geert van Dok (Experte im Bereich Entwicklungszusammenarbeit, fairer Handel, Menschenrechte), Shalini Randeria (Professorin für Anthropologie und Soziologie) sowie Annemarie Sancar (Sozialanthropologin und Expertin für Genderfragen) und Leena Schmitter (Historikerin und Geschlechterforscherin). Sie beschäftigen sich mit der Frage der Bevölkerungspolitik aus unterschiedlichen, sich aber vielfach überschneidenden Perspektiven. Um die Beiträge besser in den Gesamtkontext einordnen zu können, folgt hier ein kurzer Überblick über die Entwicklung und Problematik der Diskussion zu Demografie und Bevölkerungspolitik.

Die Debatte zu Fragen der Bevölkerungsentwicklung findet in Europa seit langem und auch heute noch unter dem Gesichtspunkt zweier gegensätzlicher Katastrophenszenarien statt: der demografische »Niedergang« hier (wir haben zu wenig Kinder!), die »Bevölkerungsexplosion« dort (die haben zu viele Kinder!). Zeitgleich – und oft gar von den gleichen Akteuren – wird eine pronatalistische Politik für die »entwickelte« Welt neben einer antinatalistischen Politik für die armen Länder des Globus gefördert. Ob dies bewusst oder unbewusst geschieht, ist an dieser Stelle unerheblich.

In seinem Buch zum Bevölkerungsdiskurs im 20. Jahrhundert führt der Wissenschaftssoziologe Etzemüller aus, dass bereits Ende des 19. Jahrhunderts die Grundlinien des Bevölkerungsdiskurses, der das 20. Jahrhundert prägen sollte, voll ausgebildet waren: »Eine Bevölkerung konnte Ressource einer Nation sein, wenn sie diese durch zahlreiche und gesunde Kinder stärkte. Sie wurde zur Bedrohung der Nation, wenn sich die falsche Klasse vermehrte, die eugenisch minderwertige Unterschicht, während die eugenisch hochwertige Mittelschicht verantwortungslos den biologischen Selbstmord beging.«[55]

Historisch war es nicht immer so, dass der Westen sich in der »Dritten Welt« für eine Senkung der Geburtenraten einsetzte. Erst mit dem Ende der Kolonialzeit und damit der Unabhängigkeit vieler Staaten in Asien und Afrika sorgte er sich um die »Bevölkerungsexplosion« in diesen Ländern. Dies stellte eine Kehrtwende dar, hatten die Kolonialmächte doch zuvor meist eine pronatalistische Politik betrieben, weil sie Interesse an einem großen Reservoir an billigen Arbeitskräften hatten, mit denen sie Bodenschätze ausbeuten und Plantagen bewirtschaften konnten.

Diese Wende spiegelt sich in einer eigentlichen Explosion der für Bevölkerungskontrollprogramme zur Verfügung stehenden Gelder, von wenigen Millionen US-Dollar Anfang der 1960er-Jahre auf gegen 150 Millionen Dollar ein knappes Jahrzehnt später.[56] Diese Vervielfachung ist auf ein transnational agierendes Netzwerk von Lobbyisten, Expertinnen, Wissenschaftlern, Stiftungen und Politikerinnen zurückzuführen, das es schaffte, einerseits die US-amerikanische Agentur für Entwicklungszusammenarbeit USAID mit ins Boot zu holen, andererseits das Terrain vorzubereiten für die 1967 erfolgte Gründung des UNFPA, des Bevölkerungsfonds der UNO.[57]

Eine bis heute anhaltende, herausragende Bedeutung hatte dabei der Population Council inne. Daneben waren aber unzählige weitere philanthropische Stiftungen und Thinktanks auf demselben Gebiet aktiv. Die Wurzeln des mächtigen und reichen US-amerikanischen Population Council gehen auf die Industriellenfamilie der Rockefeller zurück. Der im Erdölgeschäft unvorstellbar reich gewordene John D. Rockefeller sen. (1839–1937) lagerte 1913 einen Teil seines Vermögens steuersparend in eine philanthropische Stiftung aus, die Rockefeller-Stiftung. Sein Enkel, John D. Rockefeller III (1906–1978), gründete mit diesen finanziellen Mitteln 1952 den bereits erwähnten Population Council und blieb bis 1956 Präsident. Es folgten mit Frederick Osborn und Frank W. Notestein zwei weitere Präsidenten mit eugenischer Vergangenheit.[58] Letzterer sorgte für eine Verankerung der Demografie als akademische Disziplin und die Förderung der biomedizinischen Forschung zu Verhütungstechnologien.[59] Das wohl wichtigste Produkt dieser Forschungen war das Verhütungsimplantat Norplant I, welches nach 25 Jahren Forschung 1983 vorwiegend in Entwicklungsländern auf breiter Front eingesetzt wurde.

Norplant I wurde bald massiv kritisiert – der technische Machbarkeitswahn von Bevölkerungspolitikern wurde ebenso gegeißelt wie die systematische Missachtung von Frauenrechten. Die Forschungen des Population Council im Bereich der Verhütungsimplantate für die »Dritte Welt« gingen dennoch weiter: Das Verhütungsimplantat Jadelle, auch bekannt als Norplant II, soll in Zukunft in großem Stil im subsaharischen Afrika eingesetzt werden.[60]

Matthew Connelly stellt zusammenfassend eine schon fast missionarisch anmutende Hartnäckigkeit und Zielstrebigkeit der Bevölkerungslobby fest beim Versuch, die Bevölkerung der Welt zu kontrollieren – und dies, ohne irgendjemandem Rechenschaft schuldig zu sein.[61] Die Frauen in den Ländern des Globalen Südens werden kaum oder nur pro forma gefragt, welches ihre Bedürfnisse sind. So wie es auch Malthus vor 250 Jahren nicht für nötig gehalten hat, die Armen in seine Überlegungen mit einzubeziehen.

Die Netzwerke der Bevölkerungslobby wandeln sich immer wieder, neue Akteure kommen hinzu, wie etwa zuletzt die Bill & Melinda Gates Foundation[62]. Einen derart prägenden Einfluss auf den Common Sense in Europa und den USA konnte die Bevölkerungskontrollbewegung nur deshalb entwickeln, weil sie für je eigene Zielgruppen unterschiedliche Argumentationsmuster benutzte, ohne das große gemeinsame Ziel dabei aus den Augen zu verlieren: Weniger Kinder bei »den Andern«, weniger Kinder in der »Dritten Welt«. Eugenische Begründungen, die Betonung der Wichtigkeit kleiner Familien für die wirtschaftliche Entwicklung, die Befreiung der Frauen aus patriarchalen Verhältnissen und deren Empowerment und heutzutage das Argument des globalen Umweltschutzes verstärkten sich gegenseitig.

Dass die immer neue Beschwörung einer angeblichen Bevölkerungsexplosion und Überbevölkerung gerade heute wieder viele neue Anhänger findet, ist paradox. Denn die Zahlen belegen, dass Fruchtbarkeitsraten und zeitversetzt dazu auch das Wachstum der Bevölkerung rund um den Globus kontinuierlich sinken, also auch in Ländern des Globalen Südens. Es wird prognostiziert, dass mit dem demografischen Übergang das Wachstum der Weltbevölkerung gegen Mitte des Jahrhunderts nur noch klein sein wird und danach gar auf null zurückgehen wird.

Den Abschluss dieses Kapitels macht der fünfte Beitrag von Peter Schneider (Psychoanalytiker und Kolumnist). Er beschäftigt sich satirisch mit den Hintergründen und Abgründen der scheinbar so sachlich argumentierenden selbsternannten Weltretterinnen und Weltretter von Ecopop.

I = PAT – Formel und Fetisch

Marcel Hänggi

Kommen Sie mit, treten Sie ein! Es gibt ein Kinderfest, und Sie sind eines von zehn geladenen Kindern. Es gibt Kuchen.

Das dickste Kind trifft zuerst ein und stopft sofort ein Drittel des Kuchens in sich hinein. Das zweite Kind schnappt sich halb so viel wie das erste, das dritte bis fünfte je ungefähr ein Zehntel des ganzen Kuchens, und die verbleibenden Kinder prügeln sich um die Brosamen (wählen Sie selbst, welches Kind Sie sein wollen!). Das Verhalten der Kinder widerspiegelt grob die Verteilung der natürlichen Ressourcen unter der Weltbevölkerung.[63] Aber keine Sorge: Der Gastgeber hat noch jedes Jahr einen größeren Kuchen gebacken, und so gibt es auch für Kind Nr. 6 bis Kind Nr. 10 die Hoffnung, eines Tages richtig doll essen zu können.

Das Kinderfest, liebe Leserin, lieber Leser, war eine kleine List. Es geht nämlich in diesem Kapitel nicht um ein lustiges Fest, sondern um ernsten Schulstoff. Auf dem Stundenplan steht Bruchrechnen – und Sie werden sich mit einer mathematischen Formel herumschlagen müssen. Aber seien Sie unbesorgt: Es ist nicht schwierig.

Die Formel ist in den Schul- und Handbüchern der Umweltlehre zu finden. Paul Ehrlich und John Holdren haben sie in den 1970er-Jahren aufgestellt; mittlerweile hat sie kanonischen Status erlangt. Sie beschreibt, wie verschiedene Faktoren auf die Umwelt einwirken:

$$I = PAT$$

Dabei steht *I* für die Umweltwirkung (englisch *impact*), *P* für die Bevölkerungsgröße *(population)*, *A* für den Wohlstand pro Kopf *(affluence)*, und *T* bezeichnet einen Technik-Faktor: Je »besser«, »umwelteffizienter« die Technik einer Gesellschaft ist, desto kleiner ist *T*.
Was muss also geschehen, fragt die Mathematiklehrerin, damit *I* sinkt? Richtig: *P*, *A* oder *T* müssen sinken. Es gibt (suggeriert die Formel mit mathematischer Autorität) drei Möglichkeiten, die Umwelt zu schonen: Man schnallt den Gürtel enger *(A)*, man senkt die Bevölkerungszahl *(P)* oder man verbessert die Technik *(T)*.
- Den Gürtel enger schnallen: Das ist Askese. Askese ist Käse, finden die Schülerinnen und Schüler.
- Die Bevölkerungszahl senken (oder zumindest ihr Wachstum bremsen): Das ist die Strategie der Malthusianer, es ist die Rockefeller-Strategie, die Paul-Ehrlich-Strategie, die Ecopop-Strategie.
- Die Technik verbessern: Das ist die Strategie der Techno-Optimisten, und es ist die der neoklassischen (also der dominierenden) Ökonomie. Hier zieht die Mathelehrerin den Wirtschaftslehrer zur Unterstützung bei. Für die neoklassische Ökonomie ist die Gesellschaft (oder die Wirtschaft, was für die Neoklassik dasselbe ist) ein Rückkoppelungssystem, das durch Anreize (Preise) gesteuert ist. Wird ein Rohstoff knapp, steigt sein Preis. Das schafft den Anreiz, ihn erstens effizienter zu nutzen, zweitens auch schwer zugängliche Reserven auszubeuten und drittens Substitute zu entwickeln.[64] Motor des Wachstums ist der technische Fortschritt, der es erlaubt, aus weniger mehr zu machen; Grenzen des Wachstums gibt es nicht. Ein Extremist dieser Weltanschauung, Cesare Marchetti, hat 1979 postuliert, die Tragfähigkeit der Erde betrage eine Billion Menschen – das 140-Fache der heutigen Weltbevölkerung![65]

Aber zurück zur Formel. Während *P* leicht messbar ist und *I* je nach Zusammenhang etwas anderes bedeuten kann – etwa CO_2-Emissionen oder Landverbrauch –, muss man *A* und *T* näher definieren. Der Wohlstand *(A)* wird in aller Regel als Bruttoinlandsprodukt *(BIP)* pro

Kopf verstanden: $BIP \div P$. Der Technikfaktor ist umso geringer, je weniger eine Technik die Umwelt belastet, gemessen daran, was sie zum Wohlstand beiträgt: T ist gleich Umweltbelastung *(I)* pro Wirtschaftsprodukt *(BIP)* oder $I \div BIP$.[66]

Wir erhalten also (die Lehrerin schreibt an die Wandtafel):

$$\cdot\; I = P \times A \times T = P \times \frac{BIP}{P} \times \frac{I}{BIP}$$

War das schwierig? Zum Glück klingelt es zur Pause; Gelegenheit, noch einmal das Kinderfest zu besuchen.

Leider geht es da auch nicht mehr ganz so unbeschwert zu und her: Prognosen lassen erahnen, dass die Hühner nicht genug Eier legen, um jedes Jahr noch größere Kuchen zu backen. Ja, schon jetzt muss der über die Jahre angelegte Eiervorrat angegriffen werden; außerdem zeigt sich, dass die Eierschalen, die bereits das halbe Kinderzimmer füllen, sich nicht entsorgen lassen (was gewisse Kinder aber hartnäckig leugnen). Was also tun?

Ein Kind schlägt vor: Laden wir nächstes Jahr weniger Kinder ein! (sein Papa sitzt im Initiativkomitee von Ecopop). Ein zweites ruft: Der technische Fortschritt wird uns helfen, mehr Eier aus jedem Huhn zu quetschen, Substitute zu finden (auch Spatzen legen Eier) und mit weniger Eiern mehr Teig zu erzielen (seine Mutter lehrt Ökonomie an der lokalen Uni). Ein drittes Kind sagt: Wir müssen alle den Gürtel enger schnallen (es wurde von seinen Spielkameraden noch nie ernst genommen). Worauf das zweite Kind (das dicke) dem dritten vorwirft, unmoralisch zu sein, denn es wolle Kind Nr. 10 verbieten, gleich viel zu essen wie es selber.

Da schlägt wieder die Pausenglocke.

Die Klasse hat die Formel vor der Pause zerlegt, nun gilt es, zu kürzen. Es zeigt sich: Sowohl *P* wie auch *BIP* fallen weg:

$$I = \cancel{P} \times \frac{\cancel{BIP}}{\cancel{P}} \times \frac{I}{\cancel{BIP}}$$

Es bleibt also:

$$I = I$$

Mit anderen Worten: Die Formel ist korrekt! Sie ist aber auch sinnleer: Sie besagt nicht mehr, als dass die Umweltwirkung gleich der Umweltwirkung ist. Anders gesagt: $I = PAT$ ist eine willkürliche Faktorenzerlegung. Statt P, A und T könnte man auch ganz andere Faktoren wählen – beispielsweise $I = M\Omega$, wobei M die Anzahl der Meerschweinchen wäre und Ω die Umweltwirkung pro Meerschweinchen.

Dass $I = PAT$ eine sinnleere Formel ist – eine Tautologie –, muss nicht gegen sie sprechen: Die Formel erfüllt ihren Zweck, wenn sie etwas veranschaulicht – wenn die Faktoren didaktisch sinnvoll gewählt sind. Genau das war die Idee Ehrlichs und Holdrens, als sie die Formel vorschlugen: an ihr die Wirkung verschiedener Faktoren zu veranschaulichen.

Haben sie die Faktoren sinnvoll gewählt? Der Wirtschaftslehrer hat seine Zweifel. Mindestens ein Faktor in der Formel hat wenig Bezug zur Realität: A (Pro-Kopf-Wohlstand). Man kann den Wert einigermaßen problemlos ermitteln, indem man das Wirtschaftsprodukt der ganzen Welt[67] durch die Zahl der Menschen teilt. Am Kinderfest zum Beispiel weisen die Kinder ein A (einen theoretischen Wohlstand) von einem Zehntel des ganzen Kuchens pro Kind auf. Aber diese Zahl bildet lediglich die Realität der Kinder Nr. 3 bis 5 einigermaßen ab. Alle anderen sind entweder deutlich wohlhabender oder deutlich weniger wohlhabend. Würde der Kuchen zu gleichen Teilen verteilt oder nähme das erste Kind alles und alle anderen gingen leer aus: A wäre immer gleich groß.

Die Ehrlich-Holdren-Formel blendet aus, was man nicht ausblenden darf, wenn man von Wohlstand spricht: die Verteilung. Paul Ehrlich und John Holdren befinden sich damit in der Tradition Thomas Malthus', des Warners vor der Überbevölkerung, der sich gegen eine Politik des sozialen Ausgleichs wandte. Und sie befinden sich in der Tradition der Autoren und der Autorin von *Grenzen des Wachstums*, des Berichts an den Club of Rome von 1972,[68] die sich bewusst für ein Modell der Erde entschieden, das regionale Unterschiede ignoriert.

Die Formel ließe sich durchaus sinnvoller formulieren – man muss ja nicht gleich auf Meerschweinchen zurückgreifen. Die Lehrerin schlägt vor:

$$I = (P_1 A_1 T_1) + (P_2 A_2 T_2) + \ldots + (P_{10} A_{10} T_{10})$$

wobei P_1 für das reichste, P_{10} für das ärmste Zehntel der Weltbevölkerung stünde.

Rechnete man so, würde sich zeigen, dass ungefähr P_6 bis P_{10} für die Summe kaum ins Gewicht fallen, weil A_6 bis A_{10} derart klein sind, verglichen mit A_1 bis A_5. Oder anders gesagt: Wenn das dickste Kind am Kinderfest vorschlägt, nächstes Jahr weniger Kinder einzuladen, so ist das nicht nur zynisch – es bringt auch wenig, um der Eierknappheit zu entgehen.

Das mag ja sein, ruft von der zweithintersten Bankreihe die Klassenbeste, aber die Formel ist doch mathematisch korrekt, nicht wahr? Dann ist es also doch so – rein mathematisch gedacht und abgesehen von der moralischen Fragwürdigkeit der Formel –, dass I sinkt, wenn P, A oder T sinken, dass also eine Verringerung der Bevölkerung oder technischer Fortschritt oder beides zusammen (vergessen wir mal das Gürtel-enger-Schnallen, wer will das schon) zu geringerer Umweltbelastung führen!

Nein, mein liebes Kind, sagt die Lehrerin, das ist nicht so. Denn die Ehrlich-Holdren-Formel suggeriert noch etwas, was falsch ist: dass P, A und T voneinander unabhängige Parameter seien. Ich erkläre dir das später. Jetzt beginnt nämlich eure Geschichtslektion.

Der Geschichtslehrer behandelt nach der schweren Mathelektion ein einfaches Thema: Alltagsgeschichte. Er erzählt über die ersten Jahre des 20. Jahrhunderts. Damals kamen neuartige Glühbirnen auf den Markt. Hatten die Glühbirnen der ersten Generation Leuchtfäden aus Kohlenstoff (verkohlte Bambusfasern), kamen nun solche mit Wolframfasern auf den Markt. Das war eine veritable kleine Effizienzrevolution: Die neuen Birnen verbrauchten nur ein Viertel so viel Strom für dieselbe Leuchtkraft wie die alten: Würden alle alten Birnen durch neue ersetzt, würde das T aus der Ehrlich-Holdren-Formel (der Geschichtslehrer ist über die Mathelektion informiert) um den Faktor 4 kleiner.[69] Die Stromwirtschaft machte sich Sorgen: Würde nun ihr Umsatz einbrechen?

Die Sorgen waren umsonst, denn das Gegenteil trat ein. Elektrisches Licht, zuvor ein Luxusgut, konnten sich plötzlich viele leisten. Verlässliche Zahlen zur durchschnittlichen Effizienz von Straßenlaternen gibt es seit 1920. Zwischen 1920 und 2000 nahm ihre Effizienz von 10 auf 200 Lumen pro Watt, also um den Faktor 20, zu (oder T um den Faktor 20 ab), die Beleuchtungsdichte (Lumen pro Kilometer Straße) aber nahm um den Faktor 400 zu: Der Stromverbrauch pro Straßenkilometer stieg um den Faktor 20 – wegen höherer Effizienz![70]

Das tönt paradox, aber der Wirtschaftslehrer, rasch aus dem Lehrerzimmer geholt, bietet Einordnung: Wenn eine gesteigerte Energieeffizienz nicht zu den Einsparungen führt, die eine simple Formel wie $I = PAT$ erwarten ließe, oder wenn sie gar zu Mehrverbrauch führt, so spricht die Energieökonomie von »rebound« (englisch für Abprall). Rebound-Effekte wurden von der Ökonomie lange Zeit übersehen und werden von der Politik bis heute missachtet, sind aber gut dokumentiert. Einfach gesagt: Wird eine Energiedienstleistung effizienter erbracht, kostet sie weniger; was aber billiger ist, wird mehr nachgefragt.

Die gesteigerte Nachfrage aufgrund des gesunkenen Preises ist aber nur der sogenannte direkte Rebound. Daneben gibt es den indirekten Rebound: Wer trotz direktem Rebound mit einer effizienteren

Technik Geld spart, kann dieses Geld für etwas anderes verwenden; dieses andere aber verbraucht auch Energie: Man spart beispielsweise Geld, weil man sein Haus besser dämmt und weniger Heizöl verbraucht, und fliegt mit dem gesparten Geld einmal mehr in den Urlaub. Bleibt trotz direktem und indirektem Rebound immer noch eine Ersparnis, wirkt schließlich noch ein dritter Rebound-Effekt: Die gesparte Energie wirkt auf dem Markt wie ein zusätzliches Angebot. Zusätzliche Angebote senken den Preis, ein sinkender Preis stimuliert die Nachfrage – salopp gesagt: Was ich spare, verbraucht ein anderer. Leuchtet ein, findet der Geschichtslehrer, schließlich wird Technik effizienter, seit es sie gibt. Der Gesamtenergieverbrauch hat deswegen noch nie abgenommen.

An der Ehrlich-Holdren-Formel ausgedrückt (die Mathematiklehrerin ist inzwischen dazugestoßen und die drei Lehrpersonen bestreiten den Rest der Lektion gemeinsam) heißt das: Sinkt T um sagen wir zehn Prozent, weil die Technik zehn Prozent effizienter wird, sinkt deswegen nicht automatisch auch I um zehn Prozent. Sondern die Menschen werden wohlhabender, weil die Leistung, die eine Technik erbringt (beispielsweise Licht), dank geringerem T billiger zu haben ist – A steigt. I sinkt um weniger als zehn Prozent, oder gar nicht, oder nimmt sogar ...

Kommen Sie zum Punkt, unterbricht da der vorlaute Schüler, der sich immer in die vorderste Reihe setzt. Was interessiert uns der Energieverbrauch? Vergessen Sie nicht, dass Sie fiktive Figuren in einem Buch über Bevölkerungspolitik sind!

Richtig, sagt der Wirtschaftslehrer. Fragen wir also: Was geschähe, wenn die Bevölkerung gesenkt würde? Gibt es so etwas wie einen »Bevölkerungs-Rebound«? Kennen Sie historische Beispiele, Herr Kollege?

Kenne ich, sagt der Geschichtslehrer, etwa das europäische 14. Jahrhundert. Missernten, schwere Hungersnöte und die Pest reduzierten Europas Bevölkerung um die Hälfte. Nicht schön war das. Aber was hieß das für die Umwelt?

Der Druck auf die Umwelt ging zurück, I sank: Ganze Landstriche starben aus, Siedlungen wurden zu Wüstungen, Wälder eroberten sich Felder zurück. Aber I halbierte sich nicht, als P sich halbierte. Denn die Menschen, die überlebten, respektive ihre Nachfahren waren vergleichsweise wohlhabend. Das sinkende P ließ A ansteigen – genau so wie A zunimmt, wenn T sinkt. Nun war das für die Betroffenen natürlich eine erfreuliche Sache – aber man sollte es sich nicht allzu rosig vorstellen, denn wiederum handelt es sich bei A um einen Durchschnittswert. Die Eliten nutzten die Situation, sich die herrenlos gewordenen Ländereien unter den Nagel zu reißen. Sie waren es vor allem, die reicher wurden, während die unteren Schichten angestammte Rechte verloren.

Nehmen wir, sagt die Mathelehrerin, ein zeitlich näher liegendes Beispiel: den Landverbrauch in der Schweiz. Dieser steigt stetig, weil die Bevölkerung *(P)* wächst, vor allem aber, weil der Landverbrauch pro Kopf *(A)* wächst. Was, würde P nicht wachsen? Die Landpreise lägen dann tiefer, was womöglich die Nachfrage erhöht hätte. Die Menschen würden noch größere Flächen beanspruchen, A wäre noch höher, der Flächenverbrauch I nicht geringer. Hm, wendet der Wirtschaftslehrer ein, bei tieferen Bodenpreisen wäre auch der Anreiz geringer, Bauland einzuzonen, und I wäre tatsächlich niedriger. Dann hätten die Ecopop-Strategen in diesem Aspekt recht? Möglicherweise, findet der Geschichtslehrer (der auch Staatskunde unterrichtet). Doch das Beispiel zeigt ja vor allem auch, wo es sinnvoll ist, anzusetzen: bei der Raumplanung! Genau das tut das 2013 angenommene revidierte Raumplanungsgesetz, indem es beispielsweise einen Teil der Gewinne abschöpft, die Landbesitzer durch Einzonungen erzielen.

Was geschähe nun, fragt der Wirtschaftslehrer, wenn der Bevölkerungsdruck durch eine politische Beschränkung der Einwanderung reduziert würde? Es ist angesichts der politischen Kräfteverhältnisse zu erwarten, dass die Nachfrage nach gut ausgebildeten Arbeitskräften sich durchsetzte. Solche Menschen verdienen in aller Regel gut – mehr als der Durchschnitt – und können sich größere Grundstücke leisten. Sie würden mithin den Pro-Kopf-Wohlstand A der Schweiz erhöhen – ohne dass die bisherige Bevölkerung reicher würde. Der entlastende Effekt der geringeren Bevölkerung P auf die Umweltwirkung I würde verpuffen.

Das Einzige, was für die Umweltbelastung letztlich zählt, ist das, was links des Gleichheitszeichens steht – das I, fasst die Mathelehrerin zusammen. Hier muss eine Politik ansetzen, die die Umwelt schonen will. Das revidierte Raumplanungsgesetz tut das mit Blick auf den Landverbrauch; die Alpeninitiative täte es mit Blick auf den Verkehr, würde sie tatsächlich umgesetzt; das CO_2-Gesetz täte es mit Blick auf die CO_2-Emissionen, hätte es weniger Schlupflöcher.

Erschöpft vom vielen Rechnen? Schauen Sie ein letztes Mal auf dem Kinderfest vorbei! Das Problem der Kinder, die nur Brosamen bekommen, während der Kuchen nicht größer werden kann, ist nach wie vor ungelöst. Aber unterdessen ist ein vernünftiger Erwachsener aufgetaucht. Was tut er? Weniger Kinder einladen? Die Hühner zu intensiverem Eierlegen antreiben? Askese predigen? Nein. Er bringt unter den Kindern eine Diskussion darüber in Gang, wie sich der Kuchen gerecht verteilen ließe. Und siehe da: Eigentlich sind sich alle einig.

Fokus Bevölkerungskontrolle – entwicklungspolitisch in der Sackgasse

Geert van Dok

In der entwicklungspolitischen Debatte hierzulande blieben Fragen zur demografischen Entwicklung lange Zeit weitgehend unbeachtet. Es ging um strukturelle Abhängigkeit und Gewalt, um wirtschaftliche Ausbeutung der Dritten Welt, um Befreiungs- und Abkoppelungsstrategien, um die Machenschaften von IWF und Weltbank. Da hatte es keinen Platz für ein Phänomen wie das Bevölkerungswachstum, das als Symptom, nicht als strukturelle Herausforderung verstanden wurde.[71] Das hat sich geändert. Seit einigen Jahren wird die Relevanz der demografischen Entwicklung als globale Herausforderung neben Armut und Hunger, Klimawandel, Umweltbelastung, Ressourcennutzung, Migration oder der Verfügbarkeit von Energie und Wasser weitgehend anerkannt.

Aus entwicklungspolitischer Sicht sind drei demografische Hauptthemen auszumachen: die Land-Stadt-Migration, die Alterung der Gesellschaft und das Bevölkerungswachstum bzw. die Bevölkerungsstruktur armer Länder. Alle drei haben ernsthafte volkswirtschaftliche und soziale Implikationen. Doch während hierzulande die Debatte zur Migration in die Städte und zur Alterung[72] den Fachleuten und spezialisierten Organisationen vorenthalten bleibt, ruft das Bevölkerungswachstum im Globalen Süden auch populistische Eiferer auf den Plan. Denn die Vorstellung einer »Bevölkerungsexplosion« hat eine lange Geschichte voller Vorurteile und neokolonialer Besserwisserei. Zudem erwecken mediale Reportagen mit großen Ansammlungen von Kindern den Eindruck, der arme Süden sei überbevölkert und es müsse vor allem darum gehen, die dortigen Fruchtbarkeitsraten, das heißt die durchschnittliche Anzahl Kinder je Frau, zu reduzieren. Diese einseitige Fokussierung, wie sie auch Ecopop vorsieht, widerspricht zwar allen entwicklungspolitischen Erfahrungen und Forschungserkenntnissen,[73] findet aber als »einfache Lösung, die jeder versteht«, schnell populistischen Sukkurs.

Faktoren des Bevölkerungswachstums

Dort, wo das Bevölkerungswachstum in den kommenden Jahrzehnten laut DESA-Prognosen[74] besonders hoch sein wird, sehen sich Regierungen und internationale Organisationen vor die Herausforderung gestellt, diese Entwicklung möglichst abzuschwächen. Das gilt insbesondere für das subsaharische Afrika.[75] Für das Wachstum ist aber eine Kombination verschiedener Faktoren verantwortlich:

Lebenserwartung bei Geburt: Sie steigt dank verbesserter Gesundheitsversorgung und Ernährungssicherheit kontinuierlich an und liegt im Globalen Süden heute bei gut 68 Jahren, 9 Jahre tiefer als in Industrieländern. Im subsaharischen Afrika beträgt sie 56 Jahre.

Säuglingssterblichkeit: Sie beziffert die Todesfälle von Kindern unter 1 Jahr pro 1000 Geburten. Die Säuglingssterblichkeit ist seit 60 Jahren überall gesunken, in den Industrieländern von 60 auf 5, im Globalen Süden von 153 auf 46 von 1000 Geburten, dort vor allem dank der Bekämpfung epidemischer Krankheiten wie Malaria, Cholera oder Pocken. Trotz eines drastischen Rückgangs liegen die Werte in den Least Developed Countries (LDC)[76] (63) und allgemein im subsaharischen Afrika (69) weiterhin vergleichsweise hoch, werden aber laut Prognosen auch dort weiter stark zurückgehen.

Fruchtbarkeitsrate: Sie beträgt in den LDC heute durchschnittlich 4,2 Kinder je Frau und wird den Prognosen des UNFPA zufolge bis 2050 auf 2,8 zurückgehen. Im subsaharischen Afrika liegt der

Wert aktuell bei 5,1. Insgesamt liegt die Fruchtbarkeitsrate in den Entwicklungsländern aber bei moderaten 2,63. In Industrieländern ist sie mit 1,68 so tief, dass ihre Gesellschaften ohne deutliche Zuwanderungsbewegungen oder gesellschaftspolitische Gegenmaßnahmen langfristig schrumpfen.[77]

Junge Bevölkerungsstruktur: Im Globalen Süden ist die Zahl der Frauen im gebärfähigen Alter vielerorts sehr hoch, was auch bei gesunkener Fruchtbarkeitsrate die Bevölkerung weiter anwachsen lässt. So sind heute 43 Prozent der Bevölkerung Afrikas unter 15 Jahre und nur 3 Prozent über 65 Jahre alt,[78] das Durchschnittsalter beträgt aktuell 19,6 Jahre, 21 Jahre tiefer als in den Industrieländern. Entsprechend ist der Anteil von Müttern zwischen 15 und 24 Jahren an den Gesamtgeburten im subsaharischen Afrika deutlich höher als in den Industrieländern.

Die vier Faktoren sind unterschiedlich zu gewichten und beeinflussen sich gegenseitig: Dank der im Jahr 2000 beschlossenen Millennium-Entwicklungsziele 4 und 5 (MDG) konnten die Säuglings- und die Müttersterblichkeit im Globalen Süden schrittweise gesenkt und die Gesundheitsversorgung verbessert werden, was eine erhöhte Lebenserwartung zur Folge hat. Die MDG tragen somit direkt zum Bevölkerungswachstum bei. Vielerorts wurde dieser Wachstumseffekt in den vergangenen Jahren durch das gleichzeitige Sinken der Fruchtbarkeitsrate gebremst. Der Anteil der jungen Bevölkerung wächst vorübergehend, bis höhere Lebenserwartung und tiefere Fruchtbarkeitsraten die Alterspyramide verändern.

Entwicklung und Demografie – Huhn oder Ei?

Entwicklungsstand und Bevölkerungsstruktur hängen eng miteinander zusammen.[79] Das Berlin-Institut für Bevölkerung und Entwicklung kam in einer Untersuchung von 103 heutigen und ehemaligen Entwicklungsländern zum Schluss, dass kein einziges Land sich sozioökonomisch entwickelt hat, ohne dass parallel dazu die Geburtenrate zurückgegangen ist. Kurz gesagt: »Die demografische Forschung zeigt, dass Eltern weniger Kinder bekommen, wenn sich ihre Lebensumstände verbessern.«[80]

Folglich birgt das rasche Bevölkerungswachstum Afrikas zweifellos ernsthafte Risiken wie mangelnde Ernährungssicherheit, Druck auf die Gesundheits- und Bildungssysteme, Überlastung der Infrastruktur und Ressourcenknappheit. Daraus ergibt sich auch ein erhebliches Konfliktpotenzial. Gleichzeitig ist das Bevölkerungswachstum wiederum Folge dieser Defizite: Fehlende soziale Infrastrukturen und wirtschaftliche Perspektiven bringen arme Familien dazu, ihre Hoffnungen für die Zukunft in eine große Anzahl Kinder zu setzen. Verstärkt wird dies, wenn traditionelle Wertvorstellungen dominieren und Aufklärung über die sexuellen und reproduktiven Rechte der Frauen weitgehend fehlt.

In Entwicklungsländern mit hohen Fruchtbarkeitsraten muss die Behebung der genannten Defizite im Vordergrund stehen. Es geht nicht darum, ob das Huhn oder das Ei zuerst war, sondern darum, die gesellschaftliche Stellung der Frauen zu verbessern, in Bildung und Gesundheit, Beschäftigung und Alterssicherung zu investieren.

Stärkung der Stellung der Frauen

In den entwicklungspolitischen Strategien zahlreicher Entwicklungsagenturen wird folglich die Stärkung der gesellschaftlichen Stellung der Frauen in Richtung Mitsprache und Eigeninitiative ins Zentrum gestellt. Denn hohe Fruchtbarkeitsraten sind keineswegs einfach Resultat des Wunsches nach großen Familien, vielmehr fehlt es an wichtigen Voraussetzungen, dass Frauen und Paare die Anzahl Kinder selbst bestimmen können. Anstrengungen im Gesundheits- und Bildungssektor, bei der Beschäftigung und bei der sozialen Sicherheit sind die Hebel zur Überwindung von Armut und gesellschaftlicher Benachteiligung und schaffen die strukturellen Voraussetzungen für eine sozial gerechte und umweltverträgliche, nachhaltige Entwicklung. Freiwillige Familienplanung ist dabei ein ergänzender Baustein einer umfassenden Strategie zur Änderung der Bevölkerungsstruktur in armen Ländern.

Die »sexuellen und reproduktiven Rechte« der Frauen wurden bereits 1995 in der Charta der International Planned Parenthood Federation (IPPF) festgeschrieben. Meilenstein war dabei die dritte UNO-Weltbevölkerungskonferenz (ICPD) in Kairo im September 1994, an der anerkannt wurde, dass die Bevölkerungsfrage ganz entscheidend vom Selbstbestimmungsrecht der Frauen abhängt, über die Zahl ihrer Kinder zu entscheiden, »dass die Gleichberechtigung und Stärkung der Frauen eine globale Priorität darstellt, dies nicht nur aus der Perspektive der universellen Menschenrechte, sondern auch als ein wesentlicher Schritt zur Beseitigung der Armut und Stabilisierung der Bevölkerungzahl. Die Fähigkeit einer Frau, Zugang zu Gesundheit und den reproduktiven Rechten zu haben, ist ein Eckpfeiler für ihre Ermächtigung (empowerment). Es ist auch der Schlüssel für eine nachhaltige Entwicklung.«[81] Zu diesen Rechten gehört auch die freiwillige Familienplanung im Rahmen von Basisgesundheitsprogrammen. Innerhalb des UNO-Systems befasst sich der UN-Bevölkerungsfonds (UNFPA) mit Bevölkerungsfragen. Der UNFPA-Weltbevölkerungsbericht 2012 hieß denn auch programmatisch *Das Recht auf Entscheidung. Familienplanung, Menschenrechte und Entwicklung*.[82] Die DEZA ihrerseits leistet seit Jahren finanzielle Beiträge an den UNFPA. 2012 belief sich dieser Beitrag auf 16,1 Millionen Franken.[83] Insgesamt flossen 2012 seitens der DEZA 69,9 Millionen Franken in Maßnahmen zur Förderung der sexuellen und reproduktiven Gesundheit.[84]

Gesundheit, Bildung, Beschäftigung und soziale Sicherung

Wie sich Gesellschaften im Globalen Süden entwickeln, bestimmen sie letztlich selber.[85] Dabei können Entwicklungsagenturen – ob internationale Organisationen, staatliche Akteure oder Hilfswerke – die Strategie der Stärkung der Stellung von Frauen auf verschiedenen Ebenen unterstützen:

Gesundheitssektor: Der Zusammenhang zwischen ungenügender Gesundheitsversorgung, sozialem Ausschluss, großer Kindersterblichkeit und hohen Fruchtbarkeitsraten ist unbestritten. Bei hoher Kindersterblichkeit sichert eine große Kinderzahl den Nachwuchs, umgekehrt führt eine höhere Überlebenschance der Kinder zur Bereitschaft, weniger Kinder zu bekommen. Länder mit hohen Fruchtbarkeitsraten weisen auch hohe Kindersterblichkeitsraten auf.[86] Betroffene Regierungen sind gehalten, mit Unterstützung der Entwicklungszusammenarbeit in die Gesundheitsversorgung zu investieren. Dazu gehören der Auf- und Ausbau der medizinischen Grundversorgung für alle Menschen, die Befähigung des Gesundheitspersonals zur kompetenten Beratung und Behandlung mittels Weiterbildung, die Prävention von Krankheiten mit einfachen Mitteln, die Durchführung von Impfkampagnen für Kinder und die Verbesserung der sexuellen und reproduktiven Gesundheit. Ergänzend braucht es in vielen Ländern verstärkte Familienberatung und -planung, wozu der ungehinderte Zugang zu Sexualaufklärung, zu Gesundheits- und Beratungsangeboten und zu Verhütungsmitteln für Mädchen und Frauen gehört.

Bildung: Bildung ist der zentrale Hebel für Entwicklung. Weltweit sind Mortalität und Natalität mit einer Steigerung des Bildungsstandes gesunken, wobei sich die stärksten Effekte bei einer Ausweitung der Sekundarbildung für Frauen beobachten lassen. Denn der Besuch einer weiterführenden Schule führt dazu, dass Frauen später Kinder bekommen und Familienplanung aktiver betreiben.[87] Zudem wachsen so die gesellschaftlichen Kapazitäten, die nachhaltige Entwicklung des Landes auf verschiedenen Ebenen voranzutreiben. Dabei geht es um Chancengleichheit für Mädchen in der Schul- und Berufsbildung: um erleichterten Zugang zur Sekundarbildung ebenso wie um eine bedarfsgerechte berufliche Bildung als Scharnier zwischen Schule und Arbeitswelt.

Beschäftigung: Die gesellschaftlichen Kapazitäten, die sich durch Bildung und geringere Kinderzahlen deutlich verbessern, müssen volkswirtschaftlich nutzbar gemacht werden. Dafür braucht es Beschäftigungsmöglichkeiten für Männer *und* Frauen,[88] insbesondere auch in ländlichen Gebieten, wo traditionelle Verhaltensmuster noch stark vorherrschen. Die Erweiterung von Lebensperspektiven rückt den Wunsch nach einer großen Anzahl eigener Kinder in den Hintergrund. Eigene ökonomische Aktivitäten und die Vernetzung mit der Stadt können dabei helfen.

Soziale Sicherheit: Wenn der formale Beschäftigungssektor wächst, ist es angebracht, soziale Sicherungssysteme aufzubauen. Dadurch sinken zum einen die Geburtenraten weiter, weil etwa Kinder als Alterssicherung weniger wichtig werden. Zum anderen ist dies ein Schritt, um sich auf die langfristige »Demografie des Alterns« auch in Entwicklungsländern vorzubereiten, die bis vor nicht allzu langer Zeit in den bevölkerungspolitischen Szenarien einen marginalen Stellenwert einnahm.[89] Dass sich dabei die Herausforderungen für Länder im Globalen Süden ganz anders stellen als früher für Industrieländer, liegt auf der Hand. Die frühere WHO-Generaldirektorin Brundtland formulierte es an der UNO-Weltversammlung über das Altern in Madrid 2002 treffend: »Wir müssen uns der Tatsache bewusst sein, dass die Industriestaaten zuerst reich und erst dann alt wurden, während die Entwicklungsländer altern, bevor sie reich werden.«[90]

Demografische Entwicklungen

Demografie ist komplex. In Ergänzung zu den bereits genannten Daten ist an dieser Stelle ein vertiefter Blick auf wichtige Fakten zur Bevölkerungsentwicklung angebracht.

Die *Weltbevölkerung* von heute 7,2 Milliarden Menschen wächst jährlich um etwa 80 Millionen. Dieser Zuwachs findet fast ausschließlich im Globalen Süden statt. Das DESA nimmt bei mittlerer Fruchtbarkeitsrate eine Zunahme auf 8,1 Milliarden Menschen bis 2025 bzw. 10,4 Milliarden bis 2075 an. Während die Industrieländer mehr oder weniger bei 1,3 Milliarden verharren,[91] wird sich die Bevölkerung der 48 LDC bis 2050 von heute rund 900 Millionen auf 1,8 Milliarden verdoppeln, bis 2075 auf 2,4 Milliarden ansteigen. Einschränkend muss gesagt werden, dass solche Prognosen mit großer Vorsicht aufzunehmen sind und in der Vergangenheit jeweils wieder nach unten korrigiert wurden.

Allerdings sinkt die globale Wachstumsrate seit 1970 kontinuierlich. Lag sie damals bei 2,1 Prozent, beträgt sie aktuell 1,1 Prozent und wird bis 2075 schrittweise auf 0,25 Prozent sinken. Das subsaharische Afrika hat einen analogen Verlauf, allerdings zeitlich verschoben und auf ungleich höherem Niveau: Die Trendwende lag dort im Jahre 1985 (2,8 Prozent), aktuell liegt das Wachstum bei 2,6 Prozent und wird bis 2075 auf 1,2 Prozent sinken. Die LDC haben einen ähnlichen Verlauf. Folglich ist das Bevölkerungswachstum für die Entwicklungsprozesse in den LDC und im subsaharischen Afrika relevant, für alle anderen Regionen hingegen von sekundärer Bedeutung.

Die aktuelle *Bevölkerungsdichte* ist sehr unterschiedlich. Weltweit liegt sie bei 53 Personen pro Quadratkilometer. Die geringe Dichte bei den entwickelten Ländern täuscht, weil große Länder wie Russland und die USA den Wert stark nach unten drücken, Westeuropa beispielsweise liegt bei 172 Personen pro Quadratkilometer. Das subsaharische Afrika weist aktuell eine tiefe Dichte von 36 Personen pro Quadratkilometer auf, doch werden die Werte in den kommenden Jahrzehnten deutlich zunehmen.

Weltweit konzentriert sich die Bevölkerung auf verschiedene Ballungszentren (mit eher tiefen Fruchtbarkeitsraten): Süd- und Ostasien, Europa sowie urbane Zentren in Amerika und Afrika. Afrika und Asien sind im ländlichen Raum hingegen äußerst dünn besiedelt. In Afrika etwa wird das Bevölkerungswachstum in erster Linie die Städte betreffen, die bis 2050 um 900 Millionen Menschen anwachsen werden.[92] Die bevölkerungsstarken Staaten in Süd- und Südostasien wie China (1,66), Indonesien (2,35) oder Indien (2,5) haben heute tiefe oder moderate Fruchtbarkeitsraten.

Das globale *Durchschnittsalter* – 1950 noch bei 23,5 Jahren – beträgt heute dank verbesserter Gesundheitsinfrastruktur und Armutsrückgang gut 29 Jahre und wird gemäß Hochrechnungen bis 2075 auf 39 Jahre ansteigen.[93] Während es in den Industrieländern bald einmal bei 45 Jahren stagniert, ist der Anstieg in den LDC und im subsaharischen Afrika besonders auffällig (um 10 Jahre bis 2075 auf etwa 30 Jahre). Dadurch wächst die Bevölkerung trotz der weltweit sinkenden und vielerorts sehr tiefen Fruchtbarkeitsraten.

Das *subsaharische Afrika* weist heute mit gut 2,5 Prozent tatsächlich eine überdurchschnittlich hohe Bevölkerungswachstumsrate auf, wobei sie seit 1980 kontinuierlich sinkt und der DESA-Prognose zufolge bis 2075 auf 1,2 Prozent zurückgehen wird. Einerseits empfängt heute eine Frau im subsaharischen Afrika durchschnittlich fünf Kinder, andererseits verstärken die junge Bevölkerungsstruktur Afrikas sowie Erfolge bei der Gesundheitsversorgung das Wachstum zusätzlich. Trotz schrittweisen Rückgangs der Wachstumsrate wächst die Bevölkerung im subsaharischen Afrika von heute 900 Millionen bis 2050 auf 2,1 Milliarden, bis 2075 auf 3 Milliarden.[94] Dennoch kann auch unter Berücksichtigung der klimatischen und geografischen Bedingungen wohl für einzelne Länder (z. B. Burundi, Nigeria), nicht aber für das subsaharische Afrika als Ganzem von einer drohenden Überbevölkerung gesprochen werden. In den meisten Ländern mit hoher Fruchtbarkeitsrate sinkt dieser Wert seit 1975 kontinuierlich.

Dennoch: Afrika verfügt über *wirtschaftliches und demografisches Potenzial*, wenn auch heute die Situation regional sehr unterschiedlich ist. Im Norden, im Süden sowie teilweise im Westen sind hoffnungsvolle Entwicklungen im Gang. Afrika verfügt über eine große arbeitsfähige Bevölkerung mit einem vergleichsweise kleinen Anteil alter Menschen. Wenn es gelingt, diese »demografische Dividende« zu nutzen, also den vielen Erwerbsfähigen auch Arbeit zu verschaffen und sie so zu produktiven Mitgliedern der Gesellschaft zu machen, kann dies den Grundstein für eine erfolgreiche nachhaltige Entwicklung legen.[95] Hier sind afrikanische Regierungen ebenso wie internationale Entwicklungsagenturen gefordert, zunächst primär in Branchen mit hohem Bedarf an gering qualifizierten Arbeitskräften zu investieren und nicht in kapitalintensive Exportindustrien. In einem späteren Schritt, wenn Bildungsstand und Beschäftigungsgrad insgesamt gestiegen sind, geht es auch um wissensintensive Bereiche mit größerer Wertschöpfung. Voraussetzung dafür ist eine politische Führung, die nicht den Privilegien und Interessen weniger, sondern der volkswirtschaftlichen und staatlichen Stabilität und Stärkung der Binnenwirtschaft dient. Unter diesen Voraussetzungen könnte die junge Bevölkerungsstruktur Afrikas Perspektiven für eine nachhaltige Entwicklung bieten.[96]

Bevölkerungsentwicklung (in Millionen) 1950 bis 2075

Die Weltbevölkerung beträgt aktuell rund 7,2 Milliarden. Bis 2075 wird sie laut DESA-Prognosen bei über 10 Milliarden liegen. Dabei bleiben die Industrieländer konstant, während die Bevölkerung in weniger entwickelten Ländern (heute 5,1 Milliarden) auf über 6,5 Milliarden und im subsaharischen Afrika (heute 900 Millionen) auf 3 Milliarden ansteigen wird.

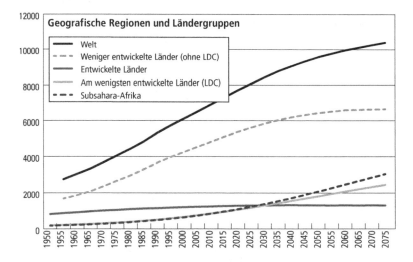

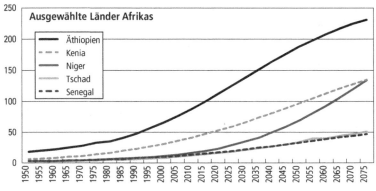

Datenquelle: DESA

Bevölkerungsentwicklung (in Prozent) 1950 bis 2075

Die weltweite Bevölkerungswachstumsrate sank seit 1965 von 2,1 auf heute 1,1 Prozent. Bis 2075 wird sie bei 0,3 Prozent liegen. Das subsaharische Afrika weist heute mit gut 2,5 Prozent eine hohe Wachstumsrate auf, wobei auch diese seit 1980 kontinuierlich sinkt und der DESA-Prognose zufolge bis 2075 auf unter 1,3 Prozent zurückgehen wird. Bei einzelnen afrikanischen Ländern liegen die Werte aber höher, dies neben eher hohen Fruchtbarkeitsraten auch wegen Erfolgen bei der Gesundheitsversorgung und der Bekämpfung der Säuglingssterblichkeit.

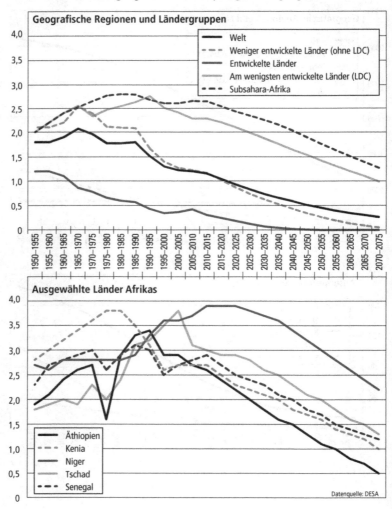

Datenquelle: DESA

Fruchtbarkeitsrate 1950 bis 2075

Die Fruchtbarkeitsrate, d. h. die durchschnittliche Anzahl Kinder je Frau, liegt in Industrieländern seit 40 Jahren unter 2. In den am wenigsten entwickelten Ländern (LDC) beträgt sie heute 4,2 Kinder je Frau und wird bis 2050 auf 2,8 zurückgehen. Im subsaharischen Afrika liegt der Wert aktuell bei 5,1. Gemäß DESA-Prognosen werden die Werte in den kommenden Dekaden auch dort drastisch zurückgehen, allerdings je nach Land unterschiedlich schnell.

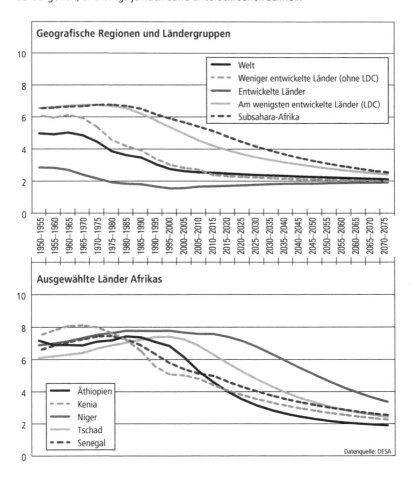

Datenquelle: DESA

Lebenserwartung bei Geburt 1950 bis 2075

Die Lebenserwartung steigt dank verbesserter Gesundheitsversorgung und Ernährungssicherheit kontinuierlich an, speziell auch in afrikanischen Ländern. Dies trägt erheblich zum Bevölkerungswachstum bei. Im Zeitraum 1985 bis 2005 ging die Lebenserwartung im subsaharischen Afrika aufgrund der Pandemie Aids teilweise dramatisch zurück.

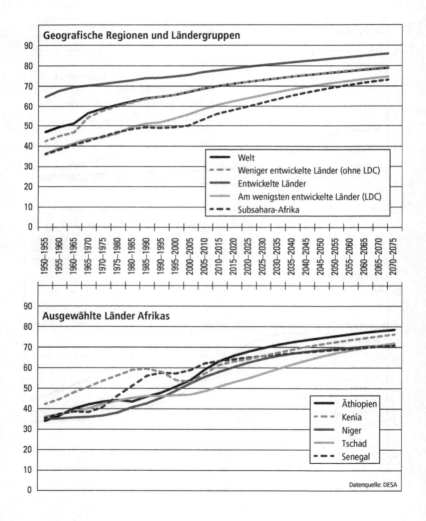

Säuglingssterblichkeit 1950 bis 2075

Die Säuglingssterblichkeit – die Anzahl Todesfälle von Kindern unter 1 Jahr pro 1000 Geburten – ist seit 60 Jahren überall gesunken, in den Industrieländern von 60 auf 5, im Globalen Süden von 153 auf 46, dort vor allem dank der erfolgreichen Bekämpfung epidemischer Krankheiten wie Malaria, Cholera oder Pocken. Laut Prognosen wird die Zahl in den nächsten 50 Jahren weltweit auf unter 20 Todesfälle pro 1000 Geburten zurückgehen.

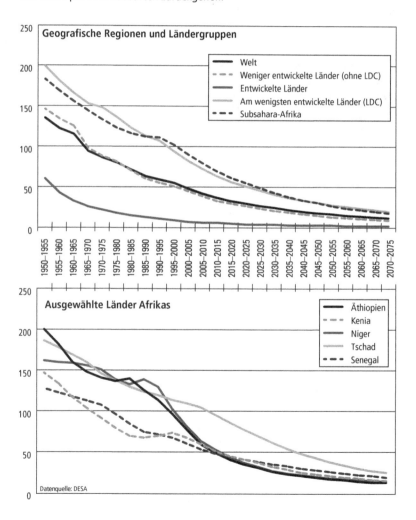

Datenquelle: DESA

Bevölkerungsdichte 1950 bis 2075

Die Bevölkerungsdichte liegt weltweit bei 53 Personen pro Quadratkilometer. Die geringe Dichte bei den entwickelten Ländern täuscht, weil große Länder (Russland, USA) den Wert stark nach unten drücken, Westeuropa beispielsweise liegt bei 172 Personen pro Quadratkilometer. Das subsaharische Afrika weist aktuell eine tiefe Dichte von 36 Personen pro Quadratkilometer auf, doch werden die Werte deutlich zunehmen. Dennoch kann für das subsaharische Afrika als Ganzem nicht von einer bedrohlichen Überbevölkerung gesprochen werden.

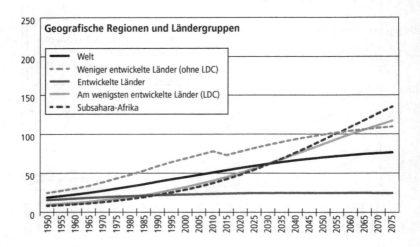

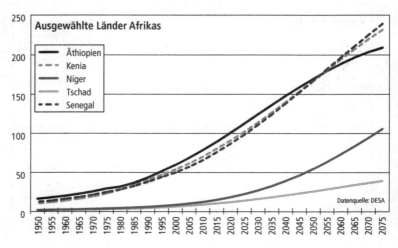

Datenquelle: DESA

Überzählig sind immer die anderen

Staatliche Bevölkerungskontrolle, Ressourcenknappheit und Wirtschaftswachstum im Spannungsfeld der Nord-Süd-Beziehungen

Shalini Randeria

Manchmal fühle ich mich ein wenig wie im falschen Film: Das Werbeplakat der CVP in Zürich im Dezember 2005 mit dem Bild eines hochschwangeren Bauchs und der Aussage »Damit nicht nur die Wirtschaft boomt« hätte genauso gut von der Kommunistischen Partei Chinas in den frühen Nachkriegsjahren stammen können. Auf die höhnische Frage des US-amerikanischen Außenministers Dean Acheson 1949 zur Fähigkeit des neuen kommunistischen Chinas, seine Bevölkerung zu ernähren, antwortete Mao, es sei eine sehr gute Sache, dass China eine große Bevölkerung habe, nicht zuletzt aus wirtschaftlichen Gründen.[97] Einige Jahre später erfolgte aber die Kehrtwende. Die Parteiführung führte aus demografischen wie wirtschaftlichen Gründen eine radikale Einkindpolitik ein.[98] Auf die verheerenden Folgen dieser menschenrechtsverletzenden Maßnahme werde ich weiter unten eingehen. Hier sei lediglich darauf hingewiesen, dass westliche Ideen von Eugenik bei den neuen chinesischen Bevölkerungskontrollprogrammen auch eine Rolle spielten. Denn die Parteiführung war bestrebt, nicht nur die Geburtenrate zu senken, sondern auch die »Qualität« der Bevölkerung zu verbessern[99] und ein rasches Wirtschaftswachstum sowie gesellschaftliche Modernisierung nach westlichem Vorbild zu erreichen.

China mag das drastischste Beispiel einer flächendeckenden staatlich verordneten und systematisch durchgeführten Fertilitätskontrolle darstellen. Zudem zeigt der Blick auf China, was eine technokratische Planung der Bevölkerungsgröße für den einzelnen Menschen, aber auch für das Gemeinwesen bedeutet. Mit der staatlichen Festlegung von Sollzahlen für die Familiengröße ebenso wie für die Zuwanderung kann China aber auch als Schreckensbeispiel und Endpunkt einer bevölkerungspolitischen Skala betrachtet werden, deren Anfangspunkt die staatliche Unterstützung für freiwillige, individuelle Familienplanung im Rahmen von flächendeckenden Gesundheitsvorsorgeprogrammen bildet. Wird aber einmal ein staatlicher Apparat zum Zweck der Bevölkerungskontrolle aufgebaut, ist nicht nur Missbrauch und Korruption allgegenwärtig wie im Falle Chinas und Indiens. Sondern so ist der Übergang von staatlich propagierter »freiwilliger« *Familienplanung* zur staatlich geplanten und durchgesetzten *Bevölkerungskontrolle* leichter zu bewerkstelligen. Wir werden das unten im Fall Indien sehen.

Werden unter Bedingungen extremer Armut staatliche Subventionen und Wohlfahrtsmaßnahmen von Sterilisationsnachweisen abhängig gemacht, verschwimmen die Grenzen zwischen Zwang und freiem Willen. Zwar wurde in China, im Gegensatz zu den Ländern Afrikas, Südasiens oder Südostasiens, die Bevölkerungspolitik ohne jeglichen Zwang seitens westlicher entwicklungspolitischer Geldgeber oder internationaler Institutionen konzipiert und implementiert. Arme Familien befinden sich aber in einer ähnlichen Falle der Abhängigkeit dem Staat gegenüber wie wirtschaftlich schwache Länder gegenüber internationalen Geldgebern. Denn Familien unter der Armutsgrenze müssen sich staatlichem Zwang genauso beugen wie die Regierungen sogenannter Entwicklungsländer den Kreditkonditionen internationaler entwicklungspolitischer Organisationen. Daher verschwimmen auch hier die Grenzen zwischen von außen aufoktroyierten bevölkerungspolitischen Maßnahmen und freiwillig durchgeführten nationalen Programmen.

Die jüngste Schweizer Volksinitiative »Stopp der Überbevölkerung«, die die Bevölkerung hier begrenzen, die Regierung aber verpflichten will, »dieses Ziel auch in anderen Ländern im Rahmen der internationalen Entwicklungszusammenarbeit« zu verfolgen, betont zwar die Freiwilligkeit, lässt aber die historischen und gegenwärtigen Zusammenhänge der Nord-Süd-Verhältnisse völlig außer Acht. Kredite der Weltbank und des IWF sowie entwicklungspolitische Hilfe etwa wurden oft mehr oder weniger explizit an antinatalistische Vorgaben gebunden.

Progressive Schlagwörter

Die Trennlinien zwischen innen und außen oder nationalstaatlich und international sind aber auch unklar, weil mittlerweile die Eliten in den Ländern des Globalen Südens das weitverbreitete malthusianische Gedankengut und eugenische Ideen europäischen Ursprungs teilen. Der von Malthus konstruierte ursächliche Zusammenhang zwischen Bevölkerungswachstum und Armut liegt dem Überbevölkerungsdogma zugrunde, das in einer jahrzehntelangen gezielten Propagandakampagne weltweit verbreitet wurde und zum Aufbau eines institutionellen Apparats der Bevölkerungskontrolle in den Ländern des Südens geführt hat. Ermöglicht wurde das durch unermessliche Finanzmittel, die von zahlungskräftigen US-amerikanischen Privatstiftungen (vor allem die Ford- und die Rockefeller-Stiftung), USAID und internationalen Organisationen wie Population Council und International Planned Parenthood Federation bereitgestellt wurden, wie Susanne Heim und Ulrike Schaz[100] sowie Matthew Connelley[101] eindrucksvoll dargelegt haben. Diese Anstrengungen haben die mehr als fraglichen Kausalzusammenhänge zwischen hohem Bevölkerungswachstum und Umweltzerstörung auf nationalem und internationalem Niveau einerseits und zwischen Kinderreichtum und Armut auf familiärem Niveau andererseits zum allgemeinen Glaubenssatz werden lassen.

In den jüngsten Bemühungen der Bill & Melinda Gates Foundation, kostengünstige Verhütungsmittel insbesondere in Afrika zu verbreiten, spiegelt sich ebenfalls dieser globale Common Sense wider, dessen Preis aber Frauen in den Ländern des Globalen Südens zahlen müssen. Wenn bei der von der Gates-Stiftung und vom britischen Department for International Development (DFID) einberufenen Londoner Familienplanungskonferenz 2012 die reichen Länder insgesamt mit einer Summe von 2,6 Milliarden Dollar 120 Million armen Frauen und Mädchen bis zum Jahr 2020 Zugang zu Verhütungsmitteln verschaffen wollen, geht es einmal mehr um eine Top-down-Steuerung der armen Familien im Süden. Gepriesen als Schritt in Richtung zu einem selbstbestimmten Zugang zu Verhütungsmitteln und damit zur Stärkung von Frauenrechten, erweist sich das an der Londoner Konferenz beschlossene Programm bei näherem Betrachten in vielerlei Hinsicht als höchst problematisch. Zwar ist es schwierig, eine Prognose zu wagen, wie die Umsetzung des teuren und ehrgeizigen, wenn auch völlig einseitigen Programms im Alltag aussehen wird. Fest steht aber, dass auch hier wohl eine Bürokratie zur Überwachung von Geburtenhäufigkeit und Verteilung von Verhütungsmitteln ohne Einbettung in umfassenderen Gesundheitsdiensten sowie ohne wirklichen Einbezug der Betroffenen entstehen wird. Hinter den progressiven Schlagwörtern von »reproduktiven Rechten« und Frauen-»Empowerment« steht der Versuch, nicht nur das Thema Bevölkerungskontrolle im Süden, das auf Druck von konservativen Kräften in den USA in der Ära der Bush-Regierung eher an den Rand gedrängt worden war, wieder auf die internationale entwicklungspolitische Agenda zu setzen. Vielmehr stellt die Londoner Initiative einen Rückschritt dar, da sie Frauenrechte auf Fertilitätskontrolle reduziert. Sie versteht die Verbreitung von Verhütungsmitteln als das Allheilmittel, um den Status der Frauen zu verbessern. Um staatliche Investition in Bildung, Gesundheitsversorgung und Arbeitsplätze oder um die Sicherung von Eigentumsrechten von Frauen braucht man sich dann keine Gedanken mehr zu machen.

Problematisch ist, dass die in diesem Rahmen von den Privatstiftungen und den Regierungen der reichen Länder im Namen der Selbstbestimmung von armen Frauen propagierten und finanzierten Langzeitverhütungsmittel wie das Implantat Jadelle, das Empfängnisschutz bis zu fünf Jahren ermöglicht, von den Nutzerinnen weder selbständig eingesetzt noch abgesetzt werden können. Denn sie bestehen aus zwei mit Hormon gefüllten Silikonröhrchen, die mittels eines chirurgischen Eingriffs im Oberarm unter die Haut gesetzt werden und auch zur Entfernung eines solchen Eingriffs bedürfen. Aufgrund der beträchtlichen Nebenwirkungen ist die Abbruchquote bei Jadelle hoch (30 Prozent der Nutzerinnen ließen sich die Implantate nach drei Jahren wieder entfernen), wie deren Entwickler, der Population Council, selbst zugibt.[102] Jadelle, oder Norplant II, ist das Nachfolgeprodukt des berüchtigten Norplant I; es hat denselben Wirkstoff. In Ländern, in denen die Basisgesundheitsversorgung fehlt, und insbesondere für arme Frauen, die kaum Zugang zu medizinischen Einrichtungen haben, ist das von dem deutschen Pharmakonzern Bayer HealthCare vertriebene Mittel Jadelle völlig ungeeignet, genauso wie sein Vorgängermittel Norplant I.

In Partnerschaft mit USAID gründete Bayer HealthCare die Contraceptive Security Initiative, einen nach der Selbstdarstellung des Konzerns »innovativen Weg zur Erschließung der Märkte in Entwicklungsländern«, um die Antibabypille Microgynon Fe in elf afrikanischen Ländern zu vertreiben.[103] In Tansania beispielsweise sind Bayers hormonelle Verhütungsmittel (Jadelle, die Pillen Microgynon und Microlut und die Dreimonatsspritze Noristerat) omnipräsent, wobei ein Großteil der Verhütungsmittel von Entwicklungshilfeinstitutionen des Nordens finanziert wird.[104] So kommt die Entwicklungshilfe aus den reichen Ländern eigentlich ihrer eignen Pharmaindustrie zugute. Und die Körper der armen Frauen werden wieder einmal zur Zielscheibe nationaler und internationale Bevölkerungspolitik. Einerseits sichern Initiativen wie diese lediglich Absatzmärkte im Globalen Süden für bestimmte Verhütungsmittel westlicher Pharmakonzerne, die so mit öffentlichen Geldern subventioniert werden. Andererseits lenken sie die öffentliche Aufmerksamkeit im Norden in die falsche Richtung: Bevölkerungskontrolle statt entwicklungspolitischer Maßnahmen wie Infrastrukturhilfe oder fairere Handelsbeziehungen oder Zulassung von Migration. Anstelle einer Sozialpolitik, die Armut und Ungleichheit effektiv bekämpfen könnte, werden scheinbar einfache, effiziente und billigere Lösungen wie rasche Fertilitätssenkung im Globalen Süden bevorzugt.

In den frühen 1970er-Jahren, als ich in Neu-Delhi zur Schule ging, propagierten große Regierungsplakate: »Eine kleine Familie ist eine glückliche Familie.« Mit Erstaunen las ich daher zehn Jahre später während meines Studiums in Heidelberg auf ebenso großen Plakaten von Regierungsstellen: »Kinder bringen mehr Freude ins Leben«, »Kinder machen glücklicher als Geld«, Botschaften, die in einem indischen Dorf völlig überflüssig, da evident gewesen wären. Dort aber wurde versucht, der Bevölkerung glauben zu machen, dass Kinderreichtum sowohl für die Armut der Familie als auch des Landes verantwortlich sei. Daher sei die rapide Reduzierung der Geburtenrate patriotische Pflicht jedes Inders und jeder Inderin. Krankenkassen in Deutschland dagegen zahlten ihren Mitgliedern drei Versuche künstlicher Befruchtung. Denn deutschen Ehepaaren sollte nicht nur ermöglicht werden, mithilfe medizintechnischer Interventionen ihren Kinderwunsch zu verwirklichen, sondern es wurde auch aus demografischen Gründen versucht, die sinkende Geburtenrate des Landes mittels Steuervergünstigungen sowie anderer staatlicher Maßnahmen anzuheben.

Kein Wunder also, hatte ich, als ich in der 1980er-Jahren zwischen Indien und Deutschland hin- und herpendelte, das Gefühl, in einer schizophrenen Welt zu leben. Wenn die Welt aber gleichzeitig als überbevölkert und als unterbevölkert wahrgenommen wird, sind es immer die anderen, die zu viel sind. Die genaue Gruppe der Überzähligen variiert je nach Land, ethnischer Gruppe oder Klasse: In Indien sind es nach Meinung der Hindunationalisten die Muslime, die sich zu rasch vermehren, in Israel zeigen sich konservative Kräfte besorgt über die hohe Fertilitätsrate palästinensischer Familien oder in den USA sind es die hohen Geburtenraten der schwarzen städtischen Unterschicht oder der Latinos, die die Forderung nach staatlicher Kontrolle ertönen lassen. In allen europäischen Ländern wiederum sind es die Ausländer und Ausländerinnen, die Roma, die Asylsuchenden oder die Migranten und Migrantinnen, die als zu viel gelten. Wer aber würde von sich selbst behaupten, er selbst sei überflüssig auf dieser Welt, wie es der russische Schriftsteller Iwan Turgenjew treffend formuliert hatte?

»Überbevölkerung« und Ressourcenknappheit

Seit Malthus' berühmtem *Essay on the Principle of Population* (1798) werden in regelmäßigen Abständen polemische Überbevölkerungs-Debatten lanciert, die eine vermeintliche Ressourcenknappheit mit der Bevölkerungsgröße eines Landes in Verbindung setzen, gleichzeitig aber die Fragen nach dem Konsumniveau oder der ungleichen Ressourcenverteilung systematisch ausblenden. Die These der Überbevölkerung hat mittlerweile den Status einer unverrückbaren Tatsache angenommen, welche die ursprünglich politische Natur des malthusianischen Denkens verschleiert. Die Hungersnöte des 18. Jahrhunderts waren für Malthus in erster Linie ein Problem der überzähligen Armen, nicht eines mangelnden Sozialversicherungssystems oder einer ungleichen Verteilung im Zeitalter der frühen Industrialisierung.

Malthus warnte vor den negativen Wechselwirkungen zwischen einer langsam steigenden Agrarproduktion und einem rasanten Bevölkerungsanstieg. Nach seiner Ansicht verleite das Vorhandensein von genügend Nahrungsmitteln die Armen dazu, sich unbesorgt zu vermehren. Erst Hungersnöte, Naturkatastrophen und Krankheiten trügen zur Reduktion ihrer Anzahl und damit zur Wiederherstellung des Gleichgewichts zwischen Bevölkerung und Nahrungsmitteln bei. Allerdings lehnte er Verhütung zur Lösung des Problems der Gebärfreudigkeit der Armen strikt ab. Er plädierte stattdessen gegen jegliche öffentliche Unterstützung für die Armen. Denn ohne staatliche Armenhilfe in England wie in China hätten die Armen keinen Anreiz zur Erhöhung ihrer Kinderzahl und wären durch spätere Heirat und »sittliche Zurückhaltung« gezwungen, ihre Kinderzahl niedrig zu halten. Bekanntlich war Karl Marx einer der schärfsten Kritiker der Thesen von Malthus, die er als klerikalen Unsinn verspottete. Er widersprach ihnen vehement mit dem Argument, dass die Bevölkerung eines Landes immer in Relation zur dort herrschenden Produktionsweise zu setzen sei. Daher gebe es keine absolute Überbevölkerung, sondern nur eine relative. In der kapitalistischen Produktionsweise gehe Überbevölkerung mit ihren immer wiederkehrenden konjunkturellen Schwächen einher.

Die von Malthus konstatierte Notwendigkeit, die Geburten von armen Familien zu kontrollieren, basierte auf seiner strikten Ablehnung von staatlicher Armenfürsorge. Diese Argumentationslinie erfreut sich nach wie vor großer Beliebtheit. Auf der Website der US-amerikanischen Organisation Population Action etwa, die zum Spenden zwecks Familienplanung weltweit aufruft, lesen wir: »Für jeden Dollar, den wir in die Familienplanung investieren, sparen wir vier Dollar in anderen Bereichen wie Bildung, Gesundheit, Wasser und Hygiene.«[105] Wie bei dem konservativen Kleriker Malthus wird auch hier ähnlich wie bei der Gates-Stiftung zwei Jahrhunderte später Familienplanung als Ersatz für Sozialpolitik propagiert.

Heute befürworten Neomalthusianer im Gegensatz zu ihrem Lehrmeister eine Intervention des Staates oder privater Akteure (Stiftungen, NGOs) zwecks Bevölkerungskontrolle. Dennoch teilen sie Malthus' Angst sowohl vor den Armen, die für ihre Armut als vermeintliche Folge des Kinderreichtums verantwortlich gemacht werden, als auch davor, dass »uns« wegen des rasanten Bevölkerungszuwachses armer Schichten die Ressourcen ausgehen könnten.

Die Sorge vor der »Überbevölkerung« wurde seit den 1950er-Jahren auch mit der Thematik der Migration aus den ehemaligen Kolonien verknüpft, wie Matthew Connelly in seiner Globalgeschichte der Bevölkerungskontrolle *Fatal Misconception* eindrücklich aufzeigt. Bis heute wird in den Medien und in öffentlichen Debatten die Flucht verarmter Menschen aus Asien und Afrika nach Europa darauf zurückgeführt, dass sie zu viele sind. Daher wird versucht, die Geburtenhäufigkeit in Afrika und Asien weiter zu senken anstatt die strukturellen Probleme von Krieg und Gewalt, Unsicherheit und Ungleichheit, Armut und Landwegnahme zu lösen. Auffallend aber sind ebenfalls die neuen Ängste, die mit der lokalen und globalen Umweltzerstörung als vermeintlicher Folge der zu vielen Menschen von linker wie rechter Seite geschürt werden. Während die Notwendigkeit eines Zweitwagens für Kleinfamilien in Europa oder in den USA kaum infrage gestellt wird, wird eine Frau in Afrika, die sich ein drittes Kind wünscht, als eine Belastung für »unsere« Umwelt angesehen. Eine Debatte zur Überbevölkerung, ohne gleichzeitig über Ressourcenverbrauch und -verteilung zu diskutieren, ist nicht nur heuchlerisch, sondern auch sinnlos. Die Stadt New York verbraucht an einem Tag so viel Elektrizität wie die Bevölkerung des ganzen subsaharischen Afrika, ausgenommen Südafrika.[106] Wer die lokale wie globale Umwelt schützen will, muss versuchen, den Energieverbrauch, das Konsumniveau und den Lebensstil vorrangig in den Industrieländern und bei den Eliten im Süden zu ändern. Dies als ein Problem von Migration nach Europa und des Bevölkerungszuwachses ärmerer Schichten im Süden darzustellen, verleitet zu falschen politischen Lösungen.

Indien und China: Zwangssterilisierungen und »Cafeteria Approach«

Das Gedankengut von Malthus wird nach wie vor von der indischen Mittelschicht geteilt. Schließlich hatte Malthus einst den ersten Lehrstuhl für politische Ökonomie am East India College in Haileybury inne, an dem viele der britischen Kolonialbeamten ausgebildet wurden, die seinen Ansichten zur Kontrolle der Armen statt Beseitigung der Armut weltweit zur Verbreitung verhalfen. Geplagt von Hungersnöten und angewiesen auf ausländische Nahrungsmittelhilfe war Indien der erste Staat, der sich auf US-amerikanischen Druck 1951 die staatliche Bevölkerungspolitik explizit auf die Fahne schrieb. Abgesehen von der drastischen und gewaltsamen Zwangssterilisierung von über fünf Millionen Männern Mitte der 1970er-Jahre, setzte die indische Regierung jedoch auf »Freiwilligkeit« im Gegensatz zu Chinas mit Zwang verordneter Einkindpolitik. Die Zentralregierungen beider Länder setzten Sollzahlen für Geburten in verschiedenen Regionen des Landes fest. Während aber in Indien ab den 1980er-Jahren Frauen mit kleinen Geschenken zu Sterilisierungen »motiviert« wurden oder sich mit dem »Cafeteria Approach« aus einer ganzen Palette von Verhütungsmitteln (Pillen, Kondome und Spiralen) etwas aussuchen mussten,[107] wurde in China die Gebärhäufigkeit von Frauen strengstens von den Lokalbehörden überwacht, damit staatlich festgelegte Kontingente an Geburten nicht überschritten wurden.

Zwar hat die staatliche Geburtenplanung in China laut offizieller Statistik seit 1970 300 Millionen Geburten verhindert, aber sie hat auch eine enorme Anzahl von nicht geplanten und daher »illegalen« Menschen im ländlichen China zur Folge gehabt, die heute ohne jegliche staatsbürgerliche Rechte und Ansprüche leben. Da ihren Eltern eine Schwangerschaft entweder überhaupt nicht oder nicht zu jenem Zeitpunkt genehmigt wurde, konnten diese außerplanmäßig geborenen Kinder nicht staatlich registriert werden. Manche dieser Eltern hatten beispielsweise bereits ein Kind; andere waren nicht lang genug verheiratet, um die Erlaubnis für die Schwangerschaft zu erhalten; nochmals andere wiederum hatten zum Zeitpunkt der Schwangerschaft das gesetzlich festgelegte Mindestalter für die Eheschließung noch nicht erreicht; und schließlich konnte es auch sein, dass ihrem Dorf im Jahr der Empfängnis des Kindes keine genügend große Geburtenquote zur Verfügung stand.[108] Kinderkriegen außerhalb der staatlichen Planwirtschaft galt als subversive Handlung. Wenn die Schwangerschaft aufgedeckt wurde, wurde die Mutter von den lokalen politischen Behörden und den für Geburtenplanung zuständigen Beamten gezwungen, das Kind abzutreiben. Der einzige Weg, ein nicht-geplantes bzw. nicht-genehmigtes Kind in der Provinz zur Welt zu bringen, war, den Wohnort zu verlassen und sich bei Verwandten in einem anderen Dorf zu verstecken. Für das illegale Gebären zu Hause mussten chinesische Paare mit einer Vielzahl von Sanktionen rechnen, wie dem Verlust des Arbeitsplatzes im Staatsbetrieb, dem Ausschluss aus der Partei, dem Niederreißen ihrer Häuser durch die lokalen Behörden, die eifrig über das Plansoll wachten, und einer Geldbusse in Höhe von zwei bis drei Jahreseinkommen. Diese Regelungen trugen nicht zuletzt zur Verbreitung von Willkür und Korruption in der lokalen Bürokratie und Parteiorganisation bei.[109]

Es ist kein Zufall, dass in China die unerlaubten Kinder im Volksmund »die gekauften Geburten« genannt werden, müssen doch die Eltern für ihre Legalisierung die lokalen Behörden oft bestechen. Und dies zusätzlich zur Zahlung der vom Staat auferlegten Gebühr zur Entschädigung der Volksgemeinschaft für die Kosten »ihres egoistischen und von privatem Nutzen geleiteten Regelverstoßes«. Die Kinder, die durch die sogenannte dunkle Geburt zur Welt kommen, haben weder Zugang zur Schulbildung noch zur Gesundheitsversorgung; sie finden weder Wohnung noch Arbeit in staatlichen Betrieben. Die US-amerikanische Ethnologin Susan Greenhalgh hat auf diese »staatliche Produktion von Nichtpersonen« aufmerksam gemacht, die im Chinesischen mit dem Begriff *hei renkou (Nicht-registrierte* oder *Schwarze)* bezeichnet werden. Westliche Demografen schätzen ihre Zahl auf 120 bis 130 Millionen Menschen, das heißt zehn Prozent der Bevölkerung des Landes.[110]

Die chinesische Bevölkerungspolitik zeigt eine Mischung neomalthusianischer Argumente und nationalistischer Parolen, aber auch eugenischer Leitbilder, wie im Slogan »Das Bevölkerungswachstum kontrollieren und die Bevölkerungsqualität heben« sichtbar wird. Zeitgleich mit der Einführung des »marktwirtschaftlichen Sozialismus« 1978 unter Deng Xiaoping wurde Geburtenplanung in der

Verfassung als Bürgerpflicht festgelegt. Als Teil dieses Projekts wurde eine staatliche Geburtenplanungskommission eingerichtet und eine flächendeckende Bürokratie aufgebaut, die die lokale Umsetzung der von oben angeordneten Zahl geplanter Geburten pro Dorf oder Stadtbezirk zu überwachen hatte, Verhütungsmittel zur Verfügung stellte und für die nötige Propaganda und Umerziehung zuständig war. 1979/80 wurde die Einkindpolitik eingeführt, die finanzielle Anreize zusammen mit drakonischen Strafen einschloss. Auf der Grundlage des »Prinzips der Freiwilligkeit« wurde beispielsweise 1983 bestimmt, dass alle Frauen mit einem Kind die Spirale einzusetzen hatten, alle nicht genehmigten Schwangerschaften abgebrochen werden und eines der beiden Elternteile von Familien mit zwei Kindern sterilisiert wird. Es folgten in diesem Jahr unter anderem 14 Millionen Abtreibungen und 58 Millionen Zwangssterilisationen. Innerhalb eines Jahres fiel die Fertilitätsrate auf 2,1, das sogenannte Stabilisierungsniveau. Dieser reproduktive Zwang war zentraler Bestandteil des sozialistischen Traums einer raschen Modernisierung der armen, rückständigen, ländlichen Bevölkerung.[111]

Familienplanung in Indien wie auch in China bedeutet daher nicht die Planung von Kinderwünschen durch die Eltern, sondern die Planung der Geburten durch staatlich verordnete bürokratische Maßnahmen, die mit Menschenrechtsverletzungen einhergehen. War früher, und zwar bis in die 80er-Jahre hinein, das rapide Bevölkerungswachstum beider Länder als eines der Haupthindernisse für ihre wirtschaftliche Entwicklung konstatiert worden, wird es heute als wichtiger Motor ihres wirtschaftlichen Erfolgs gewertet. Sieht man heute in den Millionen von jungen, gut ausgebildeten Menschen, die für niedrige Löhne arbeiten, einen unschlagbaren Vorteil für ihre Heimatländer auf dem internationalen Markt, brachte man zu Zeiten des Kalten Krieges denselben demografischen Umstand mit einem Bedrohungsszenario für die Erste Welt und mit der Prognose einer zunehmenden Armut in der sogenannten Dritten Welt in Verbindung. Nicht zuletzt pflegte man mit diesem Argument die Notwendigkeit eines globalen Eingreifens der US-amerikanischen Regierung zur Eindämmung des Bevölkerungswachstums in Indien wie in anderen Ländern des Südens zu begründen. Eine Nachahmung des chinesischen Kommunismus sollte verhindert werden.

Der Bevölkerungswissenschaftler Frank Notestein, Berater der US-Regierung in den 1950er-Jahren,[112] warnte davor, dass eine kommunistische Revolution in Indien und anderen Entwicklungsländern nicht nur die US-Hegemonie infrage stellen, sondern auch eine für die USA unvorteilhafte weltweite Verteilung der natürlichen Ressourcen zur Folge haben könnte. Da er einen kausalen Zusammenhang zwischen Bevölkerungswachstum und Verarmung und zwischen Verarmung und steigender Revolutionsgefahr sah, stellte er fest: »Die Vereinigten Staaten sind in der unangenehmen Lage, Interesse an der demografischen Entwicklung großer Gebiete zu haben, die außerhalb ihrer Kontrolle liegen.«[113] Vor diesem Hintergrund wurde von zahlreichen privaten amerikanischen Stiftungen und der US-Regierung eine weltweite Verbreitung der Theorie des demografischen Übergangs vorangetrieben, die einen Geburtenrückgang mit einer sozialen, politischen und wirtschaftlichen Modernisierung westlicher Prägung verknüpfte. Allerdings wurde dabei die in Europa beobachtete historische Kausalität umgedreht. Wurde der Geburtenrückgang in Europa als Folge von gesellschaftlicher und ökonomischer Modernisierung gesehen, postulierte man ihn in den Entwicklungsländern als Motor des sozioökonomischen Wandels. Ironischerweise wurde die Volksrepublik China zum Musterschüler der Theorie des demografischen Übergangs – aber mit ganz anderen Mitteln –, während in der größten Demokratie der Welt, Indien, der schlagende demografische Erfolg bis heute ausblieb. Die Gründe hierfür sind vielfältig. Sie umfassen sowohl kulturelle Faktoren wie eine starke Präferenz für Söhne als auch wirtschaftliche Zwänge. Aber hohe Geburtenraten sind auch auf hohe Säuglings- und Kindersterblichkeit zurückzuführen.

In Indien wie in vielen Gesellschaften des Globalen Südens gelten Kinder nicht als (finanzielle) Belastung, sondern eher als Chance zur

Verbesserung der ökonomischen Situation der Familie und des Status der Eltern, insbesondere der Frau. Kleinfamilien nach europäischem Zuschnitt erscheinen deshalb wenig attraktiv. Den in Kenia, Simbabwe und Botswana beobachtete Geburtenrückgang führt Caroline Bledsoe viel mehr auf den wirtschaftlichen Aufschwung und die politische Stabilität zurück als auf das Vorhandensein oder die Akzeptanz von Verhütungsmitteln.[114] Aus meinen Feldforschungen im ländlichen Indien weiß ich, dass kostenlos verteilte Antibabypillen zwar angenommen, aber kaum eingenommen werden. Die Pillen finden auch Einsatz als Hühnerfutter oder Kopfwehmittel für die jammernden Ehemänner.[115]

In Indien bedeutet Familienplanung durch bürokratische Maßnahmen, dass Sollzahlen für die Geburtenrate jedes Bundesstaates von der Zentralregierung festgelegt werden. Die Regierung des Bundesstaates bestimmt auf dieser Grundlage, wie viele Verhütungsmittel und welche Verhütungsmethoden pro Jahr in jedem Dorf benutzt werden müssen, um das Bevölkerungswachstum auf dem vom Staat und von internationalen Organisationen festgelegten Zielniveau zu erreichen. Von Januar bis März ist dann jedes Jahr die Hochsaison für Sterilisationen, da bis Anfang April die Berechnungen mit den Planvorgaben übereinstimmen müssen. Diese Art von Quoten sind infolge der Kritik von Frauenrechtlerinnen bei der Internationalen Konferenz zu Bevölkerung und Entwicklung in Kairo 1994 offiziell abgeschafft worden. Sie bestimmen dennoch weiterhin die Alltagspraxis von lokalem Gesundheitspersonal und Familienplanungsbehörden, denn sie bieten die Möglichkeit, nicht nur das reproduktive Verhalten der ländlichen Bevölkerung zu überwachen, sondern auch die Arbeit des zu diesem Zweck geschaffenen riesigen bürokratischen Apparats zu kontrollieren.

Zwar gibt es durchaus Studien, die die Variation der Fertilitätsrate zwischen unterschiedlichen Ländern zu 90 Prozent auf Unterschiede in der Nutzung von Verhütungsmitteln zurückführen. Steige deren Verwendung um 15 Prozent, so verhindere dies durchschnittlich ein

Kind je Frau, heißt es in einem Artikel des *Scientific American* von 1993. Als bester Beweis dafür wird Bangladesch angeführt, wo der massive Anstieg von Verhütungsmitteln zwischen 1970 und 1990 die Geburtenrate von 7 Kindern auf 5,5 gedrückt haben soll, ohne dass der Staat in Bildung oder Gesundheit seiner Bevölkerung investiert hätte. Mit der Investition von einigen Milliarden Dollar in Verhütungsmittel allein wäre somit das Bevölkerungsproblem zu lösen, folgerten die Autoren.

In seiner Kritik an dieser Herangehensweise zur Fertilitätssenkung kam aber kurz darauf der Weltbank-Ökonom Lant Pritchett zum gegenteiligen Ergebnis. Er verglich Daten des World Fertility Survey zur durchschnittlich erwünschten Kinderzahl in verschiedenen Ländern mit den hohen tatsächlichen Geburtenraten in diesen Gesellschaften. Seine Berechnungen ergaben, dass 90 Prozent der hohen Geburtenraten in Entwicklungsländern in erster Linie auf den Wunsch nach Kinderreichtum und nicht auf das Fehlen von Verhütungsmitteln oder mangelndes Wissen zu Verhütung zurückzuführen sei. Will man daher diese hohe Nachfrage nach Kindern reduzieren, müsste man sowohl für Bildung und Erwerbstätigkeit von Frauen sorgen als auch die Säuglings- und Kindersterblichkeit senken. Bei der Londoner Konferenz sowie bei der Schweizer Ecopop-Initiative sind diese eindeutigen Forschungsergebnisse unberücksichtigt geblieben.

Sozialpolitik als Schlüssel zur Fertilitätssenkung in Kerala

Der südindische Bundesstaat Kerala liefert das am besten bekannte Beispiel für den Zusammenhang zwischen Sozialpolitik, Frauenrechten und Senkung der Geburtenrate.[116] In Kerala mit über 30 Millionen Einwohnern sank die Fertilitätsrate zwischen 1979 und 1991 von durchschnittlich 3 Kindern je Frau auf 1,8; heute liegt sie noch etwas tiefer und damit etwa auf mitteleuropäischem Niveau. Die Erfolgsgeschichte Keralas ist das Resultat der positiven Wechselwirkung mehrerer Faktoren, die mit Zwangsmaßnahmen und staatlicher Überwachung wenig zu tun haben. Zu diesen Faktoren zählen unter anderem ein traditionell hoher gesellschaftlicher Status der Frauen, ein matrilineares Erbrechtssystem, eine hohe Alphabetisierungsrate, längere Ausbildungszeiten, spätes Heiratsalter und eine niedrige Mütter- und Kindersterblichkeit dank guter staatlicher Gesundheitsversorgung. Hinzu kamen konsequente Agrarreformen und die Einführung von staatlicher Altersversorgung in Form von Pensionen. Am Ende war die sinkende und niedrige Fertilitätsrate Keralas eine ungeplante Folge von fortschrittlicher staatlicher Sozialpolitik, die in erster Linie das Wohl der Menschen anvisierte und weniger auf demografische Veränderungen abzielte. Was das Beispiel von Kerala auch deutlich zeigt, ist, dass Investitionen in Bildung, Gesundheit und Sozialversicherungssysteme eher von der breiten demokratischen Partizipation und dem politischen Willen denn von hohem Wirtschaftswachstum abhängen.[117] Denn Kerala verzeichnet keineswegs eine höhere Wirtschaftswachstumsrate als andere indische Bundesstaaten. Dennoch investierte die kommunistische Regierung Keralas 60 Prozent des staatlichen Haushalts in Bildung und Gesundheit, was unbeabsichtigt eine Fertilitätssenkung zur Folge hatte. Ebenso lehrreich in negativer Hinsicht ist das Beispiel Chinas, das hier als Kontrast beleuchtet wurde. Die Erfahrungen Keralas sind im Westen nach wie vor kaum bekannt, wogegen trotz aller westlichen Kritik China doch immer auch auf Verständnis stieß mit der Einkindpolitik, die aber doch nur beschränkt erfolgreich und mit unglaublichem Leid für die Betroffenen verbunden war.[118]

Alle Studien zeigen, dass in jeder Gesellschaft eine höhere Frauenbildung mit einer niedrigeren Geburtenrate einhergeht. So evident dieser Zusammenhang auch ist, ist er dennoch nicht unproblematisch: Denn selbst wenn die Forschung zeigen würde, dass Frauen mit höherer Bildung mehr Kinder bekommen, müsste der Staat trotzdem in die Bildung investieren. Frauenbildung ist kein Verhütungsmittel und darf nicht als solches instrumentalisiert werden. Sie ist ein Wert an sich und daher ein Recht und eine staatliche Pflicht. Bereits zum Zeitpunkt der Französischen Revolution teilte der Philosoph Marquis de Condorcet, ein starker Kritiker von Malthus' Sozialdarwinismus, diese Einsicht. Mit seinen aufklärerischen Ideen setzte Condorcet auf die menschliche Vernunft und eine bewusste, freiwillige Änderung des reproduktiven Verhaltens, wobei er der Bildung von Frauen eine Schlüsselrolle zuwies.[119] Hätte damals statt Malthus mit seinen düsteren Prognosen Condorcet mit seinem progressiven Gedankengut den europäischen demografischen Diskurs geprägt, würden die aktuellen Debatten zur »Überbevölkerung« wohl weiterum als überholt und irreführend erscheinen.

Schlussbemerkungen aus postkolonialer Sicht

Wie viele afrikanische Länder, die ein beliebtes Objekt zahlreicher internationaler bevölkerungspolitischer Bemühungen sind, gilt Kongo-Kinshasa heute als überbevölkert. Diese Feststellung entbehrt nicht einer gewissen Ironie. Denn als belgische Kolonie galt Kongo stets als unterbevölkert. Wie Nancy Rose Hunt gezeigt hat, war es die Intervention des belgischen Staates und die Missionierung durch die europäische Liga für die Protektion des schwarzen Kindes, die Anfang des 20. Jahrhunderts gegen den erbitterten Widerstand der Bevölkerung Zaires versuchte, die traditionellen Praktiken der langen Abstinenz nach einer Geburt abzuschaffen, um die Fertilitätsrate der einheimischen Bevölkerung zu erhöhen.[120] Besorgt über die niedrigen Geburtenraten, waren die Belgier unsicher, ob die Polygamie Ursache oder Folge der bis zu zwei- oder gar dreijährigen Abstinenz nach einer Geburt war. Missionare empfahlen daher den neuen christlichen Konvertiten, so bald wie möglich nach der Geburt »ihre höheren Pflichten wieder aufzunehmen, anstatt wider die Natur zu handeln, indem sie ihren Ehegatten fern bleiben«.[121]

So trugen in den 1920er- und 1930er-Jahren Interventionen der Minengesellschaften, des kolonialen Staates und der europäischen

Frauenverbände zu einer Transformation der ehelichen Sexualität, der Stillzeiten, der traditionellen Praktiken von Abstinenz sowie der Kinderbetreuung und so zu einer höheren Geburtenrate in vielen afrikanischen Gesellschaften bei. Denn in der ersten Hälfte des 20. Jahrhunderts galten die meisten Kolonien als unterbevölkert. Die deutsche Regierung war ebenso besorgt über die zu niedrigen Geburtenraten in Tanganyika, dem heutigen Tansania, wie zeitweise auch die britischen Kolonialbeamten in Indien.

Damals waren hohe Geburtenraten in den Kolonien erwünscht, da kolonisierte Länder für Arbeitskräfte in Minen, Plantagen und für Absatzmärkte für europäische Industriegüter sowie für ein höheres Steueraufkommen durch größere Agrarproduktion sorgten. Folglich waren die meisten Kolonialregierungen an geburtenfördernden Maßnahmen interessiert. Sir Richard Temple, der britische Gouverneur von Bombay, schrieb beispielsweise 1877 nach London: »Sie können sicher sein, dass ich alles in meiner Macht Stehende tun werde, um die Bevölkerungszahl der Untertanen Eurer Majestät in Indien zu erhöhen.«[122] Wir wissen leider nicht, wie er dies anstellen wollte. Es ist aber wichtig festzuhalten, dass sich binnen kürzester Zeit nach der Entkolonisierung die westliche Sicht auf eine optimale Bevölkerungsgröße in fernen Ländern radikal verändert hat. Überlegungen und Bemühungen für pronatalistische Maßnahmen im Globalen Süden fanden zu einem Zeitpunkt statt, als die Kolonien weder eine Quelle der Migration nach Europa noch eine wirtschaftliche Konkurrenz zu Europa waren.

Freiwillige Familienplanung?
Eine bevölkerungspolitische List!

Annemarie Sancar und Leena Schmitter

Die Volksinitiative »Stopp der Überbevölkerung – zur Sicherung der natürlichen Lebensgrundlagen« von Ecopop verknüpft Umweltprobleme und die globale Weltbevölkerung. Um dieser »Überbevölkerung« entgegenzutreten, propagiert Ecopop die »freiwillige Familienplanung«.[123]

In der Jubiläumsschrift von Ecopop werden mittels Theorien und Zahlen die Vorteile einer »freiwilligen Familienplanung« im Globalen Süden als wirksames Mittel für Klimaschutz dargestellt. Denn wo immer Familienplanung stattfinde, gehe die Kinderzahl je Frau und damit auch die Bevölkerungszahl zurück. Der Nutzen der in bevölkerungspolitische Maßnahmen investierten Gelder »lohne« sich also in Hinblick auf den Nutzen für den Umweltschutz. Denn gemäß Ecopop-Rechnung bedeuten weniger Menschen auch prozentual weniger Umweltbelastungen.

Ecopop bezieht sich in ihren Ausführungen auf die UNO-Weltbevölkerungskonferenz in Kairo von 1994,[124] an der reproduktive Gesundheit und reproduktive Rechte in der internationalen Bevölkerungspolitik verankert wurden. Die Organisation spricht sich für die Stärkung *(empowerment)* von Frauen und deren Recht auf Zugang zu Verhütungsmitteln aus und positioniert sich damit auch in der Nähe von Frauenrechtsorganisationen. Dadurch zeigt sie ihre vermeintlich aufgeschlossenen Ansichten und grenzt sich zum Beispiel vom vatikanischen Fundamentalismus ab.[125]

Niemand will Zwangsmaßnahmen zur Steuerung von Familiengröße oder Geschlecht der Nachkommen. Niemand hat etwas gegen freiwillige Familienplanung. Mit der Forderung, Entwicklungsgelder für Prävention, Sexualerziehung und Verhütungsmittel auszugeben, hat Ecopop die Mehrheit – besonders der Frauen – auf ihrer Seite. Ob es dann gerade zehn Prozent des Budgets sein müssen, ist allerdings wieder eine andere Frage. Hinter dieser Forderung verstecken sich aber andere Absichten, die aus feministischer Perspektive betrachtet von großer Tragweite sind. Eine genauere Analyse zeigt nämlich, wie die Initiative Frauenrechtsanliegen für bevölkerungspolitisch fragwürdige Programme zu vereinnahmen versucht. Sie reiht sich damit in die unheimliche Tradition einer elitären, biologistischen und (post)kolonialen Politik des Population Establishment. Mit Population Establishment (Bevölkerungslobby), dem auch Ecopop zugerechnet werden kann, meint die kritische Sozialwissenschaft das Netzwerk aus Privatstiftungen, Thinktanks, multilateralen Behörden und nationalen Entwicklungsbehörden, die sich für eine Reduktion des weltweiten Bevölkerungswachstums einsetzen, die aber ohne demokratische Legitimation funktionieren.

Mit einer bevölkerungspolitisch motivierten Familienplanung wird ein normativer Rahmen für das »richtige Maß« gesetzt: Wer soll wie viele Kinder haben? Unabhängig von gesellschaftlichen Zwängen und Pflichten von Menschen wird eine Größe propagiert, die nicht nur einen wirtschaftlichen, sondern in diesem Falle vor allem einen ökologischen Mehrwert erzeugen soll. Im Blick sind die »armen Frauen im Süden«, vor allem in Afrika. Ecopop behauptet, diese wüssten zwar, dass »zu viele Kinder« Armut bedeute, ihnen fehlten nur die Ressourcen für Verhütung.

Diese Behauptung ist aus unserer Sicht falsch. Die Initiative betont zwar die Freiwilligkeit und Selbstverantwortung. In der aktuellen Verknüpfung von bevölkerungs- und umweltpolitischen Absichten wird Familienplanung aber dennoch zum Instrument einer gesellschaftlich höchst problematischen Normierungsstrategie. Mittels eines postkolonial aufgeladenen Diskurses legitimiert sie die Kategorisierung von Menschen in erwünschte und nicht erwünschte, sprich: nicht verwertbare Menschen, die das auf den Profit ausgerichtete Wirtschaftswachstum hemmen.

Wie freiwillig ist »freiwillige Familienplanung«?

Die reproduktiven Rechte der Frauen sind verbriefte Grundrechte und der darauf bezogene Grundsatz der Freiwilligkeit klingt rein formell unproblematisch. Dieser Aspekt ist real auch bedeutungsvoll, weil in einzelnen Ländern Zwangssterilisationen als bevölkerungspolitische Mittel eingesetzt werden.[126]

Doch allein mit der Absage an Zwangssterilisationen ist die Selbstbestimmung faktisch noch lange nicht garantiert. Denn Familienplanung ist weiterhin nicht nur eine Frage der Gestaltung individueller Lebensformen, sondern ein Aspekt der Gesundheitsvorsorge, bei dessen Ausgestaltung die Interessen verschiedener staatlicher und nichtstaatlicher Akteurinnen und Akteure eine Rolle spielen. Seitdem freie Familienplanung 1968 von der UNO als Menschenrecht deklariert wurde, ist sie darum auch Bestandteil kritischer Auseinandersetzungen. Diese beschäftigen sich ebenso mit der Tötung weiblicher Kleinkinder in Indien wie mit der erschwerten Verwirklichung des Kinderwunschs homosexueller Paare, den Entwicklungen in der Pränataldiagnostik sowie den spezifischen Ausrichtungen staatlich geförderter »freiwilliger Familienplanung«.[127] Immer wenn eine staatliche Bevölkerungspolitik gezielt auf die Verminderung (oder auch auf das Wachstum) von Geburtenraten abzielt, steht dies in einem Spannungsfeld zur Betonung, dass die Familienplanung freiwillig sei. Werden nur bestimmte Handlungsspielräume gefördert und bestimmte Planungsmuster belohnt, entspricht dies nicht einer ganzheitlichen und offenen Konzeption von einer solidarischen und sozialstaatlich gestützten Gesellschaft.

Die Wahlmöglichkeiten von Frauen, die mit minimalen Ressourcen ihren Lebensstandard und den ihrer Familien zu verbessern versuchen, sind tatsächlich eingeschränkt. Familienplanung wird für sie zu einem unfreiwilligen Parcours. Denn Haushaltsgrößen sind nicht einfach Resultate einer individualistischen Familienplanung, sondern konkrete Überlebensstrategien und Ausdruck des lokalen Umgangs mit einem globalen Machtsystem, in dem die Rechte der Frauen der Wachstumslogik des Neoliberalismus unterworfen werden.

Zehn Prozent der Entwicklungsgelder ist zudem viel Geld. Mit Blick auf die Gesundheitsbudgets der betroffenen Länder lässt sich zu Recht fragen, ob neben der Familienplanung für eine öffentliche Grundversorgung etwas übrig bleibt, um die Bedürfnisse der Bevölkerung als ganzer zu decken. Ecopop leistet in postkolonialer Manier einer Politik Vorschub, die ablenkt von strukturellen Ursachen der Armut, von fehlenden sozialen Einrichtungen und einer mangelhaften Vorsorge.

Die Frau als verletzliches Wesen, Kinder als Last

Heute sind wir täglich mit Konstruktionen konfrontiert, die Frauen als »verletzliche Wesen« und Gefangene im Patriarchat des Südens zeigen: Bilder von Müttern im Hochwasser mit einem Kind auf der Schulter und Frauen, die in den Trümmern nach einem Erdbeben auf der Suche nach Wasser sind, visualisieren exemplarisch diese weibliche Opferhaftigkeit. In dieser Logik scheint jedes Kind mehr als eine zusätzliche Last, die auf den Schultern der Frauen liegt. In der Tat sind Frauen weltweit überproportional von Armut betroffen, was sich in der Klimapolitik des Population Establishment optimal »verwerten« lässt. Denn gefährdete Frauen, insbesondere jene, die sich um Kinder sorgen, brauchen Unterstützung. Niemand kann etwas gegen Frauenrechte und gegen Projekte zum Schutz der verletzlichen Frauen haben. Bis weit in bürgerliche Kreise zeigen sich Exponentinnen und Exponenten bereit, Frauen in fernen Ländern des Globalen Südens in ihren Emanzipationsbestrebungen unter die Arme zu greifen. Für

Ecopop ist es somit ein Leichtes, mit diesen Fremdzuschreibungen ihre finanziellen Forderungen zu legitimieren.

Für Frauen in Ländern des Globalen Südens kennt Ecopop das Disziplinierungsinstrument der »freiwilligen Familienplanung«, um den Schutz der Frauenrechte zu gewährleisten. Für Frauen aus den entwickelten Ländern des Nordens gilt dagegen, dass sie selbstbestimmt die Entscheidung über die »richtige« Anzahl Kinder fällen können und daher auch keine erzieherischen Maßnahmen benötigen. Beiden Fällen liegt das Paradigma der »selbstbestimmten« Entscheidungen zugrunde: Reproduktive Gesundheit wird im einen Fall zur individuellen Verantwortung, während sie in Ländern des Südens zur Angelegenheit des Staates und der Entwicklungszusammenarbeit sowie von privaten Stiftungen wird, die oft gleichzeitig mit global wirtschaftenden Unternehmen verhängt sind. In jedem Fall wirken subtile, aber fest verankerte Machtmechanismen: die neoliberale Losung der individuellen Autonomie und Selbstbestimmung auf der einen, die postkoloniale Macht auf der anderen Seite.

Diese postkoloniale Macht zeigt sich in Form von Staaten, die in das globale System des Population Establishment eingebunden sind, welches bevölkerungspolitische Absichten ohne jegliche demokratische Legitimation im Sinne der weltumspannenden freien Marktwirtschaft wirkungsmächtig durchgesetzt hat. Die Staaten werden zu schlichten Moderatoren der Aushandlungsprozesse, in denen Gesundheits- und Entwicklungsministerien, internationale Geldgeber und NGOs über die »richtige Gesundheitspolitik« und Maßnahmen für die »freiwillige Familienplanung« entscheiden.

Ecopop täuscht mit einem vordergründig gut gemeinten humanistischen Bestreben all jene Organisationen und Initiativen, die sich für eine starke, solidarische Gemeinschaft und für einen verbesserten Lebensstandard einsetzen, der nicht in erster Linie über Geburtenkontrolle erfolgt. Unter bestimmten Bedingungen mag Familienplanung dazugehören. Hier geht es aber um weit mehr, nämlich um ein biopolitisches Projekt der Ausdifferenzierung »nützlicher Menschen«.

Eine Gratwanderung für Frauenrechtsorganisationen, die sich nicht für bevölkerungspolitisch fragwürdige Selektionsstrategien instrumentalisieren lassen, wie dies Ecopop versucht. Feministische Organisationen, die sich für die Rechte der Frauen einsetzen, sind besonders gefordert, ein klares Zeichen gegen Ecopop zu setzen.

Frauenrechte und Selbstbestimmung

Die Bedrohungsszenarien von Ecopop zielen letztlich auf die Selektion »nützlicher Menschen« ab. Mit den vorgeschlagenen bevölkerungspolitischen Maßnahmen stellen sie die Frau ins Zentrum. Aus einer historischen und soziologischen Perspektive muss in diesem Kontext das Paradigma der Selbstbestimmung im Zusammenhang mit Frauen- und reproduktiven Rechten kritisch diskutiert werden. Der Begriff der Selbstbestimmung wie auch jener der (Selbst-)Verantwortung ist seit den späten 1960er-Jahren ein zentrales feministisches Paradigma in Ländern des Globalen Nordens. Kulturhistorisch unterliegen die Begriffe aber seit den 1980er-Jahren einem gesellschaftlichen Wandel. Eine historische Perspektive auf diese (feministischen) Deutungsmuster liefert der aktuellen Debatte in der Schweiz mehr Tiefenschärfe. Wie haben Feministinnen seit den späten 1960er-Jahren ihre Reproduktionsfähigkeit verhandelt?[128]

Auslesepolitik im Fokus feministischer Kritik

Schwangerschaftsabbruch, reproduktive Rechte und Frauengesundheit bildeten seit dem Ende der 1960er-Jahre zentrale Themen in feministischen Debatten. Im Gegensatz zu anderen Akteurinnen und Akteuren, etwa der Schweizerischen Vereinigung für Straflosigkeit des Schwangerschaftsabbruchs (SVSS), ging es feministischen Gruppen nie nur um eine Liberalisierung der Abtreibungsgesetzgebung, sondern um die Straffreiheit.[129] Die Entscheidung »Ob Kinder oder keine ...«[130] verstanden sie als eine Frage der Kontrolle über ihr Leben, um vollständig an der Gesellschaft teilzuhaben. Selbstbestimmung galt als die Möglichkeit, ganz über das eigene Leben und die Lebensperspektiven zu entscheiden – unabhängig von Gynäkologen, religiösen oder moralischen Standards. Im Kontext von Abtreibung bedeuteten Selbstbestimmung, Selbstverantwortung und Autonomie die Verantwortung für eine Abtreibung, aber auch für eine Schwangerschaft und gewünschte Kinder – allerdings ohne normative Vorgaben von Institutionen und losgelöst vom »biologischen Schicksal«.

Seit Mitte der 1980er-Jahre als »Auslesepolitik« und Werk von »Technodoktoren« angeprangert, gerieten Gen- und Reproduktionstechnologien in den Fokus feministischer Debatten. In *The Dialectic of Sex* von 1970 (dt. *Frauenbefreiung und sexuelle Revolution*, 1975) vertrat die kanadische Feministin Shulamith Firestone die Position, dass nur »die Befreiung der Frauen von der Aufgabe der biologischen Reproduktion und von der Festlegung der Kindererziehung«[131] die Grundvoraussetzung für ökonomische Unabhängigkeit, Partizipation in der Gesellschaft und sexuelle Freiheiten biete. Sie sah in der Möglichkeit der künstlichen Fortpflanzung das zentrale Element, das den Frauen die Kontrolle über die eigene Reproduktion gab und dadurch einen zentralen Bestandteil innerhalb einer feministischen Revolution bilden konnte.[132]

Im Gegensatz zur technologiefreundlicheren Position befürchteten Schweizer Feministinnen fast durchgängig die Entmündigung der Frauen. In einem 1986 erschienenen Sammelband brachte die ehemalige Aktivistin der Organisation für die Sache der Frau (OFRA) und damalige Nationalrätin der Progressiven Organisationen der Schweiz (POCH), Anita Fetz, diese Position auf den Punkt: »Das ›weibliche Wesen‹ mit seiner Fähigkeit, Leben zu geben, [...] scheint nun bezähmbar und damit kontrollierbar zu werden. [...] Schritt für Schritt wurde den Frauen Kontrolle und Wissen über den eigenen Körper genommen. Heute sind wir gerade im Bereich der Medizin von Männern abhängig, ausgesetzt den von ihnen entwickelten Technologien.«[133]

Firestones Wissenschaftsoptimismus und die befreiende Wirkung der neuen Reproduktionstechnologien wurden von Schweizer Feministinnen nicht geteilt. In dieser Denktradition situiert sich die Argumentation auch fast dreißig Jahre später.

Durch pränataldiagnostische Möglichkeiten sind Frauen zwar in der Tat mit mehr Wahlmöglichkeiten konfrontiert, allerdings führen sie nicht zwingend zu selbstbestimmten Entscheidungen. Ärzte und Experten drängen zur Wahl innerhalb vorgegebener Optionen mit dem Ziel, »gewünschte«, sprich Kinder ohne Behinderung, zu produzieren. Analog zu diesem Ansatz unterscheidet auch die bevölkerungspolitische Erzählung zwischen demografiepolitisch erwünschten und unerwünschten Kindern. In-vitro-Fertilisation, Embryotransfer, Leihmutterschaft auf der einen – aber auch gesundheitsschädigende Verhütungsmittel und Zwangssterilisation auf der anderen Seite bildeten, so Anita Fetz, »zwei Seiten der gleichen Medaille«[134]: Sie führten zu einem Autonomieverlust aller Frauen weltweit. Frauen in den Industrieländern werde dadurch zu einem »Kind um jeden Preis« verholfen, während Frauen im Globalen Süden ein Geburtenverbot auferlegt würde. Mittels biotechnologischer Verfahren würden Frauen in »erwünschte Weiße« und »unerwünschte Farbige« eingeteilt.[135]

Frauenrechte im Sog neoliberaler Paradigmen

Der soziale Wandel, der durch die Frauenbewegung in Schwung kam, brachte nicht nur ein feministisches Paradigma der Selbstbestimmung hervor, sondern ging Hand in Hand mit einer neoliberalen Deutung individueller Autonomie. Die politische Philosophin Nancy Fraser spricht von einer »List der Geschichte«.[136] Sie weist darauf hin, dass feministische Rhetoriken genutzt wurden und heute noch werden, um die kapitalistische Gesellschaft zu legitimieren. Dies führt dazu, dass feministische Ideale wie Autonomie und Selbstbestimmung im Kontext neoliberaler Paradigmen umgedeutet und hinterfragt werden müssen.[137]

Geschlechtergerechtigkeit und Frauenrechte sind zentrale Pfeiler für eine nachhaltige Entwicklung. Selbstverantwortung und die Kontrolle über den eigenen Körper sind wichtige feministische (und linke) Forderungen. Allerdings gilt es, diese Ansprüche vor dem Hintergrund neoliberaler Paradigmen kritisch zu durchleuchten. Neoliberale sehen die Macht in der Eigenverantwortung von Menschen. Gesamtgesellschaftliche Überlegungen bleiben dabei auf der Strecke. Eine linke, kritische Politik muss dazu dienen, Frauen als eigenständige Individuen anzuerkennen, aber gleichzeitig gesellschaftliche Pflichten und Zwänge zu verstehen und neoliberalen Machtmechanismen auf den Zahn zu fühlen.

Es braucht mehr als die Stärkung einzelner Gesellschaftsmitglieder, um eine faire Verteilung der Ressourcen zu erreichen. Dazu braucht es ebenso eine nachhaltige Landwirtschaftspolitik, eine Gesundheitspolitik, welche die Grundversorgung aller sicherstellt, sowie eine Wirtschaftspolitik, die dafür sorgt, dass der generierte Reichtum immer wieder umverteilt wird – gerade auch darum, weil dieser Reichtum oft auch dank billigster Arbeitskraft und der Ausbeutung von Menschen im Süden zustande kommt.

Eingriffe in das Reproduktionsrecht im Namen der Selbstbestimmung zugunsten des Umweltschutzes dagegen führen in die Irre.

Eine ausführlichere Fassung dieses Beitrags ist unter www.unheimliche-oekologen.ch zu finden.

Wir bedanken uns herzlich bei Susanne Schultz für ihre nützlichen Hinweise.

»Man muss das mal ganz sachlich betrachten...«

Peter Schneider

Mitte der 1980er-Jahre machte die Nationale Aktion (NA, heute Schweizer Demokraten) erstmals auf Öko-Pop: In einem Inserat gab sie sich »überzeugt, dass, sobald wir das himmeltraurige Kapitel der Überfremdung in den Griff bekommen, sich andere Probleme von selbst lösen, nämlich Wohnungsnot, Abbau horrender Mieten, unmögliche Situationen im Sozial- und Gesundheitswesen, Verkehrs- und Umweltanliegen usw. usw.«. Der damalige NA-Nationalrat Valentin Oehen schrieb: »Die Umweltbelastung unseres Landes wäre jedenfalls geringer, wenn wir keine Ausländer hätten.« War Oehens Öko-Utopie (frei nach August Bebel) noch eine Art unbeholfene Kapitalismuskritik der dummen, aber grünen Kerle, so hat Ecopop die Stufe der ideologiefreien Sachlichkeit erklommen. Ecopop ist nichts als angewandte Naturwissenschaft, also das, was sich pensionierte Maschinenbauingenieure (ETH/AHV) unter Politik vorstellen.

Ecopop stellt die mit Naturmystik verquickten Überfremdungsängste der 1980er-Jahre vom wirren Kopf auf die Füße. Und diese wiederum auf den Boden der nackten Tatsachen: Wachstum kann nicht grenzenlos sein. Aus Zellen, die grenzenlos wachsen, wird Krebs. Und gegen Tumore hilft keine Symptombekämpfung. Besser also, man wehrt der einwandernden Masse, noch bevor sie überhaupt entsteht. Bevölkerungspolitik ist Elektrifizierung und Verhütung, um es mal in eine leninsche Formel zu fassen. Wie soll man die Armut sonst bekämpfen, wenn nicht dort, wo sie entsteht: im allzu fruchtbaren Schoss der armen Armen?

Kurz: Ecopop passt zum »naturalistic turn«, welcher auch die Humanwissenschaften seit etwa zwanzig bis dreißig Jahren erfasst hat, wie der Arsch auf den Nachttopf. Es geht nicht etwa darum, Gottes Schöpfung der Schweiz gegen die Wilden aus der Europäischen Union und Afrika zu verteidigen, sondern lediglich darum, die harten Naturgesetze gegen das verschwommene Gerede von kulturellen Faktoren in Geltung zu bringen. Kunden, die Ecopop kaufen, kaufen auch anspruchsvolle Sachbücher zu den Themen Soziobiologie, Neurowissenschaften, Evolution und Genetik. Und auch Thilo Sarrazin. Aber nicht wegen dessen verbiestertem Geschwätz über »Kopftuchmädchen«, sondern wegen seiner Statistiken. Denn Zahlen lügen nicht. Ecopop-Käufer sind nicht fromm, aber sie glauben fest an ein Gottes-Gen. Und daran, dass Mädchen gerne mit Puppen spielen, weil das dem Menschen vor 30 000 Jahren einen Fortpflanzungsvorteil brachte. (Was unsere 1968-jährigen Kinderladentanten leider immer noch partout nicht einsehen wollen.) Hirnscans von Probanden, denen man im MRI Bilder des Gedränges in der U-Bahn von Tokio zeigt, zeigen die gleichen Aktivierungsmuster wie die von Ratten, denen man Todesschreie ihrer Artgenossen vorspielt. Das menschliche Gehirn reagiert auf Dichtestress entweder mit Flucht, Aggressivität oder eben – Ecopop: der politischen Reaktion auf die Einsicht, dass der Mensch auf Dauer nicht gegen seine Natur kann. Sonst wird er krank. Aber keine Angst: Das ist ganz natürlich.

Das Volk und sein Land

Kultur und Natur

»Stehen wir nicht vor einer riesigen Angst vor den Armen der
Dritten Welt und ihrer Invasion, welche auf neue Art die Angst
der Eugeniker der 1900er-Jahre vor der Massenvermehrung der
Proletarier und noch viel mehr vor ihrem gesellschaftlichen
Aufstieg fortschreibt?«
Hervé Le Bras, 1997[138]

Wer sich das Bild vom Raumschiff Erde vorstellt und der Rede vom Menschen als bedrohter Art zuhört, könnte den Eindruck erhalten, dass die Menschen alle gleich wären und dass nur ihre Zahl zählt. Dabei sind die Unterschiede zwischen Arm und Reich, zwischen Umwelteinflüssen von Hungernden und denen von Konsumverwöhnten riesig.[139] Und auch die Befürworter der Bevölkerungskontrolle gehören zu den letzteren: Eine Studie zeigte 1971, dass die Mitglieder der Organisation Zero Population Growth (heute Population Connection) überdurchschnittlich häufig junge, gebildete Männer waren – und praktisch alle Weiße.[140]

Selbst Paul Ehrlich, der Zero Population Growth zusammen mit Richard Bowers und Charles Remington gegründet hatte, musste nach dem Erscheinen seines Buches *Die Bevölkerungsbombe* der Kritik von Bürgerrechtlern öffentlich entgegenkommen. Er ergänzte seine Position mit einer gehörigen Portion Konsumismuskritik: »Das

Bevölkerungsproblem ist im Wesentlichen ein Problem der im Überfluss schwimmenden Weißen dieser Welt«, sagte er 1970 in einer Ansprache an der Universität von Wisconsin – und bezeichnete in einem Zeitschrifteninterview die US-Amerikaner als »Champions der Ausbeutung und der Verschmutzung der Welt«.[141]

Das hinderte Ehrlich allerdings nicht daran, weiterhin einen anderen Unterschied sehr explizit zu betonen: den Unterschied zwischen Menschen, die bereits in den Grenzen des eigenen Landes lebten, und denen, die diese Grenzen überschreiten wollten. Wie viele Überbevölkerungs-Warner wehrt er sich explizit gegen die Einwanderung. Paul und Anne Ehrlich waren bis 2003 im Vorstand der Federation for American Immigration Reform (FAIR). FAIR wehrt sich nicht nur gegen illegale Immigration, sondern auch gegen jede Form von Amnestie und fordert ein »immigration time out«. Die Organisation versucht sich zwar ganz bewusst einen neutralen und vor allem nicht diskriminierenden Anstrich zu geben – dazu passt auch das gewählte Namenskürzel. Der Erfinder dieser Strategie, der Gründer John Tanton, der von 1975 bis 1977 auch Präsident von Zero Population Growth war, ist allerdings eine zentrale Figur eines ganzen Netzwerks von Organisationen gegen die Einwanderung mit den unterschiedlichsten Zielgruppen[142] und wurde selbst als Rassist entlarvt.[143] Mit Büchern wie *The Immigration Invasion*[144] und *Immigration and the Social Contract: The Implosion of Western Societies*[145], die er in Großauflagen zu günstigsten Preisen verbreitete, trug Tanton zur Verschärfung der Einwanderungsdebatte in den USA bei.

Was hat Paul Ehrlich in dieser Gesellschaft zu suchen – er, der sich ja selbst nicht nur gegen den Rassismus ausgesprochen, sondern auch als Biologe den Rassenbegriff hinterfragt hat?[146] Was hat die Überbevölkerungsthematik mit historisch zufällig gewachsenen Landesgrenzen zu tun? Warum sollen etwa Menschen, die innerhalb der eigenen Landesgrenzen leben, schädlicher zum Beispiel für das Klima sein als jene außerhalb? Und warum sollen die unberührte Natur oder auch nur wenig überbaute Kulturlandschaften in einem bestimmten Land schützenswerter sein als in einem anderen? Das ist objektiv schwierig zu begründen. Umso offensichtlicher zeigt ein Blick in die Geschichte, dass der weltumspannende Anspruch der Ökologie sich immer wieder auf eine Abwehr der Fremden reduziert. Ehrlich ist als Umweltschützer mit seinem Kampf gegen die Einwanderung jedenfalls nicht allein. Die von uns betrachteten Organisationen und Personen, die mit ökologischen Begründungen gegen die »Überbevölkerung« kämpfen, setzen sich praktisch durchwegs auch für die Einschränkung der Einwanderung in ihr jeweiliges Land ein.

Diese Internationale der Öko-Nationalisten findet sich nicht nur in den USA, in Deutschland, Österreich und der Schweiz – um nur einige Länder zu nennen. Sie ist divers, sie ist oft nicht organisiert, und sie argumentiert nicht überall gleich. Wiederkehrend allerdings ist eine Abwandlung des Bildes vom »Raumschiff Erde«. Auch die Nationalisten sprechen von einem Schiff. Aber bei ihnen ist das Boot, das voll oder bereits übervoll ist, das eigene Land. So schrieb der Radikalökologe und Schriftsteller Edward Abbey, bekannt als Autor des ökoanarchistischen Romans *The Monkey Wrench Gang*, in einem Artikel, den die *New York Times* sich zu publizieren weigerte: »Die Vereinigten Staaten sind voll besiedelt, und mehr als voll, seit über einem Jahrhundert. Wir haben nichts zu gewinnen und alles zu verlieren, wenn wir es zulassen, dass das alte Boot überladen wird.« Abbey schloss seinen Text mit dem Tipp, man solle doch die Soldaten der US-Armee aus dem Ausland zurückholen und an die Südgrenze der USA stellen, damit sie sämtliche Campesinos zurückschickten – aber nicht ohne ihnen eine Pistole, ein Gewehr und eine Packung Munition mitzugeben. Sie würden dann wohl selbst wissen, was sie mit diesen Geschenken anzufangen hätten…[147]

Raumschiff Erde oder Rettungsboot USA?

Garrett Hardin, ein neokonservativer Biologe, der als bevölkerungspolitischer Hardliner die Freiheit sich fortzupflanzen ablehnte (»Freedem to breed is intolerable«), wurde bekannt durch seinen Aufsatz zur Tragik der Allmende.[148] Er sah als Lösung zum Umgang mit den globalen Gemeingütern der Meere und der Atmosphäre nur zwei Möglichkeiten: eine ökologische Weltdiktatur oder die Privatisierung.[149] Hardin kritisierte 1974 die Raumschiff-Metapher als grundfalsch, gerade *weil* sie impliziere, dass jeder Mensch ein gleiches Recht an den natürlichen Ressourcen habe: »Umweltschützer benutzen die Metapher von der Erde als ›Raumschiff‹ [...]. Sie argumentieren, kein Mensch [...] habe das Recht [...], mehr als seinen fairen Anteil der Ressourcen zu nutzen. Aber hat jedermann auf der Erde ein gleiches Recht auf einen gleichen Anteil der Ressourcen? Die Raumschiff-Metapher kann gefährlich sein, wenn sie von irregeleiteten Idealisten missbraucht wird, um eine selbstmörderische Politik zu rechfertigen, welche unsere Ressourcen durch unkontrollierte Einwanderung und Auslandhilfe teilt. [...] Sie verwechseln die Ethik eines Raumschiffs mit der eines Rettungsbootes.«[150]

Entsprechend müsse man aufpassen, dass die sich ständig vermehrenden Ertrinkenden – gemeint sind die von Hunger bedrohten Menschen aus den bevölkerungsreichen Staaten des Globalen Südens – ja nicht ins Rettungsboot des eigenen Lands kommen, damit es nicht etwa sinke. Denn damit sei am Schluss niemandem geholfen. Diese von Hardin hochtrabend als »Rettungsboot-Ethik« bezeichnete Position kritisierte der Philosoph William Aiken ganz simpel: »Unter all dem Donner dieser ›neuen Ethik‹ liegt nicht mehr als eine nationale Anwendung der altbekannten Position: Egoismus ...«[151]

Die Kritik an der Einwanderung wird damit treffend entlarvt. Was wissenschaftlich als objektive Angst vor der Zahl begründet wird, entpuppt sich als subjektive Angst vor dem Fremden und als Angst vor der Gefährdung der eigenen nationalen Heimat mit ihren Privilegien. So wird ökologisch begründet, warum der eigene Staat sich im Sinne einer *gated community* schützen muss: Wer nicht das Vorrecht der Geburt erlangt in einer Wohlstandszone zu leben, soll draußen bleiben.

Der französische Demograf Hervé Le Bras stellt dies treffend in den Zusammenhang mit dem Denken der Eugeniker: »Wenn man Afrika stigmatisiert, bedeutet das, dass der gefährlichste Teil der Menschheit aus den Armen einer anderen Rasse besteht. Stehen wir nicht vor einer immensen Angst vor den Armen der Dritten Welt und ihrer Invasion, welche auf neue Art die Angst der Eugeniker der 1900er-Jahre vor der Massenvermehrung der Proletarier und noch viel mehr vor ihrem gesellschaftlichen Aufstieg fortschreibt?«[152]

Auch der amerikanische Sierra Club als größte US-Naturschutzorganisation kritisierte in offiziellen Stellungnahmen nicht nur die US-Bevölkerungsentwicklung als Ganzes, sondern äußerte sich spätestens 1978 auch offiziell kritisch zur amerikanischen »Masseneinwanderung«.[153]

Später einigte sich der Vorstand darauf, dass der Sierra Club nicht weiter zu Immigrationsfragen Stellung beziehen solle – was allerdings die Kontroverse nicht wirklich beendete. So führte die Organisation 1998 und 2004 zwei Urabstimmungen unter allen Mitgliedern zur Frage durch, ob sie eine kritischere Haltung zur Immigration einnehmen solle. Trotz Aufrufen rassistischer rechter Gruppen, zur Beeinflussung der Abstimmung dem Club beizutreten, wurde die neutrale Position beide Male bestätigt und ist weiterhin gültig.[154]

Eine Öffnung ergab sich allerdings in jüngster Zeit zumindest bezüglich der bereits in den USA anwesenden Sans-Papiers. 2013 gab der Sierra Club bekannt, der Vorstand unterstütze einstimmig einen fairen Weg für die Legalisierung und Einbürgerung von geschätzten 11 Millionen bereits in den Staaten lebenden Papierlosen.[155] Die Medien vermuten dahinter allerdings auch eine sehr pragmatische Überlegung: Weil Latinos Umweltanliegen gegenüber aufgeschlossener seien als die angelsächsisch geprägten US-Amerikaner und eher demokratisch wählten, erhofften sich die Umweltverbände dank der potenziellen neuen Stimmbürgerinnen und Stimmbürger eine größere Chance, für ihre Anliegen politische Mehrheiten zu finden.[156]

Deutschland: Von Konrad Lorenz über Herbert Gruhl zu den grünen Braunen der NPD

Wie aber steht es mit der Verknüpfung von Nationalismus oder nationalen Interessen und Ökologie diesseits des Atlantiks? Dass Umweltschutz als Politikfeld aus den Vereinigten Staaten den Weg nach Europa fand und Teil der öffentlichen Debatte wurde, geschah nicht durch den Druck linker Basisbewegungen, sondern eher durch die offizielle Politik[157] und durch die Wissenschaft. Besonders in Deutschland waren die Voraussetzungen gegeben, nicht nur die unselige Vermischung von Natur- und Umweltschutz und Eugenik weiterzuführen, sondern zusätzlich eine nationalistische Perspektive des Heimatschutzes zu befördern. Wie Oliver Geden in seinem Buch *Rechte Ökologie* ausführt, hatte der Naturschutz hier eine stark rechtskonservative Prägung.

Ernst Haeckel, der 1866 den Begriff der »Ökologie« erstmals als »Wissenschaft von den Beziehungen des Organismus zur umgebenden Außenwelt« definierte, verstand sich zugleich als Naturwissenschaftler wie als Naturphilosoph. Aus den vermeintlichen Naturgesetzen leitete er seinerseits sozialdarwinistische Positionen ab. Er sprach sich – in bester eugenischer Tradition – für die Vorteile eines künstlichen Züchtungsprozesses aus: »[...] so würde durch unnachsichtige Ausrottung aller unverbesserlichen Verbrecher nicht allein dem besseren Theile der Menschheit der ›Kampf um's Dasein‹ erleichtert, sondern auch ein vortheilhafter künstlicher Züchtungsprozess ausgeübt, indem jenem entarteten Auswurfe der Menschheit die Möglichkeit genommen würde, seine verderblichen Eigenschaften zu übertragen.«[158]

Die Linke dagegen befasste sich in Deutschland erst im Laufe der 1970er-Jahren eingehender mit der ökologischen Frage – gerade weil aus einer marxistischen Perspektive heraus der Themenkomplex bis dahin »als grundsätzlich kleinbürgerlich-reaktionär bis faschistoid eingestuft« worden war.[159]

Zu diesem Zeitpunkt war der österreichische Biologe und Nobelpreisträger Konrad Lorenz bereits eine der Galionsfiguren der Ökologie im deutschen Sprachraum. Lorenz vermischt in seinen Büchern nicht nur eugenisches Gedankengut mit Natur- und Umweltschutzanliegen, sondern er vertritt auch ganz klar rassistische Positionen. So verglich er 1940 aus seiner Sicht ethnisch Minderwertige mit Krebszellen, welche den gesunden Volkskörper durchwucherten, und lobte deshalb die Politik des arischen Nationalsozialismus: »Die nordische Bewegung ist seit jeher gefühlsmäßig gegen die Verhaustierung des Menschen gerichtet gewesen, alle ihre Ideale sind solche, die durch die hier dargelegten biologischen Folgen der Zivilisation und Domestikation zerstört werden würden.«[160]

Auch nach dem Krieg deutet er in seinem viel beachteten Buch *Die acht Todsünden der zivilisierten Menschheit*[161] die von ihm angesprochenen »Vorgänge der Dehumanisierung« als Konflikt zwischen der biologisch bestimmten Natur des Menschen und einem unnatürlichen gesellschaftlichen Zwang. Er beklagt als Todsünde nicht nur die globale Überbevölkerung und das Zusammenleben in Großstädten, sondern auch den genetischen Verfall wegen des Wegfalls der natürlichen Auslese. In Bezug auf die 68er-Jugend meint er etwa, es sei »nicht auszuschließen, dass viele Infantilismen, die große Anteile der heutigen ›rebellierenden‹ Jugend zu sozialen Parasiten machen, möglicherweise genetisch bedingt sind«.[162]

Als Joschka Fischer und Mitstreiterinnen und Mitstreiter sich noch in der Fabrikarbeit und im revolutionären Kampf übten, prägte auf parlamentarisch-politischer Ebene bereits der damalige CDU-Abgeordnete Herbert Gruhl ab 1969 im Bundestag die Umweltdebatte. Sein Buch *Ein Planet wird geplündert*[163] wurde 1975 zum Bestseller. Gruhl verließ 1978 die CDU wegen unüberbrückbarer Differenzen in der Umweltpolitik und gründete am Tag nach seinem Rücktritt die Grüne Aktion Zukunft (GAZ). Sie war eine der zahlreichen kleinen regionalen Gruppen, welche sich, zusammen mit grün-alternativen und Spontigruppierungen, schließlich zur Partei Die Grünen zusammenschlossen. Die grundlegenden politischen Widersprüche dieses bunten Zusammenschlusses ließen sich unter dem von Gruhl geprägten Slogan »Weder links noch rechts, sondern vorn« allerdings nicht wirklich verstecken.

Als sich mit der Zeit dann abzeichnete, dass sie sich innerhalb der neuen Partei nicht durchsetzen konnten, spalteten sich viele reaktionäre Grüne 1982 unter Führung von Herbert Gruhl und Baldur Springmann ab und gründeten die Ökologisch-Demokratische Partei (ÖDP), welche klar rechtsnationale Positionen vertrat. Doch auch seine ÖDP enttäuschte Gruhl, als sie wegen kontinuierlicher Vorwürfe des Rechtsextremismus 1989 gegen seinen Willen endlich einen Grundsatzbeschluss zur formellen Abgrenzung von den Rechtsparteien fasste.[164] Gruhl verließ die Partei, als er keine Mehrheit für die Revision dieses Beschlusses finden konnte. Kollegen mit gleicher Gesinnung sollte er in seinen letzten Lebensjahren im rechtsökologischen Dachverband Unabhängige Ökologen Deutschlands (UÖD) finden.[165]

Gruhl sieht die Menschen im dauernden Überlebenskampf gegeneinander – wobei die wesentlichen Akteure die Völker und Nationen, nicht die einzelnen Personen sind: »Das Individuum ist unwichtig, die Art wird erhalten und entwickelt.« Der Kampf ums ökologische Überleben wird nach Gruhls Vorstellung also Volk gegen Volk, Nation gegen Nation geführt: »Es lag ein guter Sinn in der Aufteilung der Welt in viele Regionen. [...] Die ›Eine Welt‹ ist ein typisch menschliches Hirngespinst«, schrieb Gruhl bereits 1975 in *Ein Planet wird geplündert* und fuhr fort: »Für die jetzt folgende Periode der Weltpolitik sind der Rüstungsstand, die zahlenmäßige Größe eines Volkes, seine Ausstattung mit fruchtbarem Boden, Grundstoffen und Industrien weiterhin wichtigste Voraussetzungen [...]. Für die Zukunft werden die Völker einen riesigen Vorsprung erreichen, denen es gelingt, den Rüstungsstandard auf der höchsten Spitze, ihren Lebensstandard jedoch niedrig zu halten.«[166]

Auch bei den Neofaschisten sind ökologische Themen en vogue. Die NPD hat seit den 1970er-Jahren ihre Positionen zur Ökologie (unter dem Titel »Volksgesundheit und Umweltschutz«) weiterentwickelt. Heute kritisiert sie Genmais und AKWs und plädiert für regionale

Wirtschaftskreisläufe.[167] Dabei werden konkrete ökologische Probleme regelmäßig ideologisch in ein Bedrohungsszenario für die selbst konstruierte Identität von Heimat und Nation umgewandelt – und die Bedrohung kommt von außen, sei dies durch Ausländer oder durch den amerikanischen Kapitalismus.[168] Natürlich wird dann auch die »Überfremdung« mit ökologischen Argumenten bekämpft: Dies ist Artenschutz für das eigene Volk.

Der Kampf gegen die Einwanderung in die Schweiz und Ecopop

In der Schweiz stellt heute Ecopop, die Vereinigung Umwelt und Bevölkerung, mit ihrer Volksinitiative »Stopp der Überbevölkerung – zur Sicherung der natürlichen Lebensgrundlagen« die radikalste Initiative zur Beschränkung der Einwanderung zur Debatte. Sie will das Wachstum der ständigen Wohnbevölkerung durch Zuwanderung im dreijährigen Mittel auf maximal 0,2 Prozent beschränken. Begründet wird dies mit dem Ziel des Erhalts der natürlichen Lebensgrundlagen. Damit passt Ecopop von den geforderten Maßnahmen her bestens zu den beschriebenen Bewegungen der rechten Ökologen. Dass Ecopop heute auf diese Weise Zuwanderungsdebatte und Umweltschutz verknüpft und in der Radikalität der Zuwanderungsbeschränkung die rechtsnationale Schweizerische Volkspartei (SVP) um Längen rechts überholt, ist aber bei einem Blick in die Geschichte der Organisation nicht zwingend. Denn Ecopop ist kein typisches Kind der Schweizer Fremdenfeindlichkeit der 1960er-Jahre.

Schauen wir zurück in diese Zeit. Zwar beherrschte damals noch nicht wie heute die omnipräsente biologistische Diagnose vom »Dichtestress«[169] die Schlagzeilen der Zuwanderungsdebatte. Sonst aber ist die heutige Auseinandersetzung praktisch eine Wiederholung der damaligen, als die Schweiz über die Prognose einer Zehn-Millionen-Schweiz in einem wissenschaftlichen Situationsbericht durch den St. Galler Professor Francesco Kneschaurek diskutierte.[170]

In der Folge konstituierte sich die Überfremdungsbewegung 1965 unter dem Namen Nationale Aktion gegen die Überfremdung von Volk und Heimat (NA) und zog zwei Jahre später, für eine Kleinstpartei mit gesamtschweizerisch nicht einmal einem Prozent der Stimmen überraschend mit James Schwarzenbach als einzigem Vertreter ins Bundesparlament ein.[171] Als eine erste Überfremdungsinitiative der Zürcher Demokratischen Partei nach der klaren Ablehnung durch das Parlament von deren Parteileitung gegen den Willen der eigenen Basis zurückgezogen wurde, nutzte dies der Rechtspopulist Schwarzenbach sofort aus. Er lancierte eine zweite Volksinitiative gegen die Überfremdung der Schweiz,[172] welche einen maximalen Ausländeranteil von zehn Prozent festschreiben wollte. Allein gegen praktisch sämtliche politischen, wirtschaftlichen und kulturellen Kräfte erreichte Schwarzenbach bei einer Rekordstimmbeteiligung von 74,7 Prozent am 7. Juni 1970 immerhin 46 Prozent Ja-Stimmen.[173]

Ecopop dagegen wurde erst zwei Tage vor diesem Abstimmungssonntag, der die ausländerpolitische Auseinandersetzung in der Schweiz für Jahre prägen sollte, unter dem Namen Schweizerische Arbeitsgemeinschaft für Bevölkerungsfragen (SAfB) informell gegründet – die formelle Vereinsgründung erfolgte erst ein gutes Jahr später am 29. Juni 1971, erster Präsident wurde der kürzlich verstorbene Berner Biologieprofessor Pierre-André Tschumi.[174]

Meinungsverschiedenheiten bei der Gründung von Ecopop

Die meisten Gründer der SAfB einte die feste Überzeugung, dass auch die Schweiz von 1970 bereits überbevölkert sei – gleichzeitig aber nahm auch die Auseinandersetzung um die Schwangerschaftsverhütung und den Schwangerschaftsabbruch einen breiten Raum ein. Immerhin hatte ein Artikel der späteren langjährigen SAfB/Ecopop-Sekretärin Anne-Marie Rey unter dem Titel »Ein dringendes Problem: Geburtenregelung in der Schweiz«[175] gemäß ihrer Schilderung einen wesentlichen Anstoß für die Kontakte der Gründungsgruppe gegeben.[176] Im Artikel zitierte Rey zustimmend einen Beitrag von Prof. Dr. Gottlieb Flückiger, in dem dieser der Hoffnung Ausdruck gegeben hatte, dass auch in der Schweiz »Anstrengungen zur Eindämmung der Menschenlawine nicht weiter herausgeschoben würden«. Dies führte zum Kontakt mit Flückiger, der dann das informelle Gründungstreffen anregte. Den Hauptteil von Reys Artikel machen allerdings nicht bevölkerungspolitische Überlegungen aus, sondern die Kritik an der Willkür beim legalen Schwangerschaftsabbruch im Kanton Bern und die mangelnde Sexualerziehung.[177]

Die SAfB beschloss denn 1970 auch die Gründung von Arbeitsgruppen mit unterschiedlichen Arbeitsschwerpunkten. Eine medizinisch-biologische Gruppe sollte sich mit der Frage der Geburtenregelung im Hinblick auf die Überbevölkerung befassen. Sie sammelte in der Folge umfangreiche Informationen zum Stand der Familienplanung und Sexualerziehung, befragte 28 Eheberatungsstellen in der Deutschschweiz und kontaktierte mit einem Fragebogen auch Juristen, Gynäkologen und Psychiater zum Thema Schwangerschaftsunterbrechung.[178]

Eine zweite Gruppe gab sich die Bezeichnung »Mensch und Umwelt«. Ihr Vorsitzender Valentin Oehen verkörperte die klassische Verknüpfung der rechten Ökologen von Natur- und Heimatschutz mit einem nationalistischen Volksbegriff. Seine Argumentation ist sowohl biologistisch als auch völkisch geprägt. Im Kurzprotokoll der Gründungsversammlung ist erwähnt, dass Oehen den Vergleich mit Bakterienkulturen machte, welche bei Überbevölkerung absterben, da sie zu viel Kehricht produzieren.[179] Gemäß einer Vortragsnotiz sah Oehen auch – ganz im Sinne von Lorenz – die »geistig seelische Gesundheit« in Gefahr, was gravierende Folgen habe. »Agressionen, Zunahme der Gewaltverbrechen, Alkohol, Rauschgift, Vernachlässigung der Erziehungspflichten etc.« führte er darauf zurück, dass die Schweiz »sozial-gesellschaftlich überbevölkert« sei.

Innerhalb der SAfB herrschte aber ganz offensichtlich in wesentlichen Bereichen kein umfassender Konsens. So weist bereits vor dem informellen Gründungstreffen der spätere Präsident der medizinisch-biologischen Gruppe, H. Stamm, in einem Brief an Anne-Marie Rey darauf hin, dass die Frage der Familienplanung für sich genommen im Zentrum stehen müsse: »Darf ich Sie darauf aufmerksam machen, dass in der Schweiz z.Zt. nicht das Problem der Überbevölkerung im Vordergrund steht. Die Bevölkerungszunahme könnte glattweg verkraftet werden, wenn eine vernünftige Landesplanung für die Abgrenzung von Wohnraum mit Hochbauzonen und von Landwirtschaftsgebieten mit rationeller Bearbeitung sorgen würde. Hingegen ist die Familienplanung tatsächlich ein erstrangiges soziales Problem.«[180]

Umgekehrt wird an der zweiten Sitzung der Gruppe Mensch und Umwelt am 24. November 1970 kritisiert, dass Anne-Marie Rey in ihrer Stellungnahme in der medizinisch-biologischen Gruppe[181] eine vorsichtige Liberalisierung der Schwangerschaftsunterbrechung angeregt hat. Das Protokoll hält fest: »Einmütig sind die Anwesenden der Ansicht, dass dieses Problem nur am Rande unser Arbeitsgebiet berührt.« Jemand ergänzt, dass primär eine allgemeine Einwanderungssperre nützlicher sein könnte, und Valentin Oehen als Vorsitzender »macht darauf aufmerksam, dass in der Bevölkerung wahrscheinlich nur wenig Unterstützung zu finden wäre, da allgemein die Abtötung von keimendem Leben abstößt«.[182]

Die Unterwanderung der Nationalen Aktion

An der gleichen Sitzung überlegt die Gruppe Mensch und Umwelt auch, wie sie öffentlichkeitswirksamer tätig sein könnte. Während jemand den Beitritt zum Schweizerischen Bund für Naturschutz anregt, sieht Valentin Oehen vor allem Potenzial im Beitritt zur Nationalen Aktion (NA): »Eine Umsteuerung dieser neuen Partei durch aktive Beteiligung unserer Gruppenmitglieder sollte im gegenwärtigen Zustand noch möglich sein.« Nach längerer Diskussion beschließen die Anwesenden dies auch formell: »Die Nationale Aktion der Sektion Bern soll gezielt durch das Gedankengut der Arbeitsgemeinschaft unterwandert werden.«[183]

Schneller als gedacht gelang dies – und noch viel mehr.[184] Oehen, seit Oktober 1970 Geschäftsleitungsmitglied der NA Schweiz, wurde im Januar 1971 Vizepräsident der NA Bern und ließ sich für die Nationalratswahlen im Herbst an die Spitze der Liste setzen, nachdem sich niemand anders für den Spitzenplatz finden ließ. Mit der Hilfe von Pierre-André Tschumi formulierte er eine Grundsatzerklärung, die am 27. März 1971 von der Delegiertenversammlung auch angenommen wurde: »In umfassender Würdigung der heute vorhandenen wissenschaftlichen Grundlagen bekennt sich die Nationale Aktion für Volk und Heimat zu der folgenden Aufgabenstellung: Die weltweite unkontrollierte Bevölkerungsexplosion geht unablässig weiter; gleichzeitig wird die Biosphäre durch die menschliche Zivilisation täglich mehr belastet. Ökologische Katastrophen mondialen Ausmaßes sind in absehbarer Zeit zu erwarten. Durch die heutige Wirtschafts- und Bevölkerungspolitik wird die Lage für das Schweizervolk zunehmend gefährlicher. Die Nationale Aktion für Volk und Heimat erachtet es als ihre Aufgabe und Pflicht, für eine Änderung der allgemeinen Politik in dem Sinne zu kämpfen, dass unser Volk in seinem engbegrenzten Lebensraum den zu erwartenden Krisen biologischer Natur vorbereitet gegenübertreten kann.«[185]

Nach seiner überraschenden Wahl in den Nationalrat wurde Oehen schließlich am 29. April 1972 zum Zentralpräsidenten der NA gewählt, ein Amt, das er bis 1980 innehaben sollte. Entgegen der naheliegenden Hypothese wurde also in diesem Fall nicht etwa die ökologische Bewegung von rechts unterwandert. Vielmehr war Oehens Fokus auf die Bevölkerungsfrage, seine Vision des Umweltschutzes als Schutz des heimatlichen Lebensraums eines Volkes vor fremder Bedrohung und Einwanderung und die bei ihm rechtskonservativ und agrarisch geprägte Hinterfragung des Wirtschaftswachstums bestens kompatibel mit der bisherigen Ideologie der NA, die ihrerseits den Kampf gegen die geistige, politische, wirtschaftliche und demografische »Überfremdung« ins Zentrum ihrer Aktivität gestellt hatte.[186] Nur deshalb konnte es Oehen so einfach gelingen, mit seiner nationalökologischen Sicht das Parteiprogramm der NA, das bis dahin von der Überfremdungskritik geprägt war, um einen neuen Aspekt zu ergänzen und bleibend zu prägen.

Überparteiliche Unterstützung für die Anliegen von Ecopop

Oehen blieb parallel zum NA-Präsidium bis im Mai 1979 weiterhin im Vorstand und als Vizepräsident der Schweizerischen Arbeitsgemeinschaft für Bevölkerungsfragen aktiv, bis er sich 1979 enttäuscht über die Misserfolge der NA schrittweise aus der Politik zurückzog.[187]

Seine Person hatte die Wahrnehmung der SAfB in der Öffentlichkeit bis dahin durchaus mit geprägt. Heute wehrt sich Ecopop dagegen, wegen Oehens aktiver Rolle in den Gründungsjahren mit rechtsnationalen Kreisen in Verbindung gebracht zu werden, und verweist auf die anderen Vorstandsmitglieder, welche anderen Parteien angehörten oder parteilos waren. Im Archiv der Organisation finden sich allerdings bereits aus den ersten Jahren mehrere Korrespondenzen, welche den Austritt aus der Organisation oder den Entzug der Unterstützung für die SAfB-Petition zur »Schaffung einer umweltgerechten Bevölkerungspolitik« mit der Nähe zu Oehen begründen.[188]

Allerdings hatte die SAfB in den Anfängen durchaus auch Erfolg dabei, überparteiliche Unterstützung für ihre Anliegen zu gewinnen. Den Nationalratskandidaten in den Kantonen Bern, Basel-Stadt, Genf und Zürich stellte sie 1971 in einem Brief die Frage, ob sie bereit wären, nach einer Wahl folgende Forderungen zu vertreten: »1. Stabilisierung der Wohnbevölkerung in der Schweiz, 2. Unterordnung der wirtschaftlichen Zielsetzungen unter die Postulate des Umwelt- und Menschenschutzes«. Positive Antworten kamen praktisch aus allen Parteien, und neben der SAfB unterstützten auch die Aktion Gesunde Schweiz, Biel, die Schweizerische Gesellschaft für Umweltschutz, Zollikon, und die Genfer Sektion des Schweizerischen Bundes für

Naturschutz die Publikation der Unterzeichnenden in Inseraten vor den Wahlen.[189] Rund ein Fünftel der angeschriebenen 1016 Kandidaten versprachen, die Forderungen im Fall einer Wahl zu unterstützen.[190] Noch heute bekannte Namen umfassen aus dem Kanton Zürich nicht nur den späteren NA-Nationalrat Hans Steffen, sondern ebenso die späteren Bundesräte Rudolf Friedrich (FDP) und Moritz Leuenberger (SP), den späteren Zürcher CVP-Stadtrat Willy Küng und den späteren EVP-Nationalrat Max Dünki. Bei den Unterzeichnenden aus dem Kanton Genf fallen die Namen der beiden späteren SP-Nationalräte Christian Grobet und Jean Ziegler auf.[191] Eine so breite überparteiliche Unterstützung sollte die SAfB in den kommenden Jahren nie mehr erleben, und sie erreichte dies zu diesem Zeitpunkt ganz offensichtlich nur deshalb, weil sie sich allgemein gegen die Überbevölkerung stellte und für den Umweltschutz aussprach und die politisch höchst umstrittene Frage der Einwanderung überhaupt nicht ansprach.

Aufgrund der wirtschaftlichen Krise der 1970er-Jahre ging die Einwanderung in die Schweiz massiv zurück, gleichzeitig sanken die Geburtenzahlen. Das Thema der Überbevölkerung hatte nicht länger Hochkonjunktur. Die SAfB setzte zwar ihre hartnäckige Aufklärungsarbeit fort. Sie veranstaltete unter anderem Tagungen zum Thema »Wachstum und Umwelt«, erarbeitete Grundlagenpapiere, produzierte zum Weltbevölkerungsjahr 1974 den Film *Macht Euch der* [sic] *Erde untertan,* dessen Kosten die Vereinskasse für Jahre belasten sollte, gestaltete eine Tonbildschau zum Thema »Bevölkerungsfragen und 3. Welt« und erstellte die Wanderausstellung »Umwelt und Bevölkerung«. Eine weitere Überfremdungsinitiative der Nationalen Aktion lehnte Ecopop – wie sich die Vereinigung seit 1987 nennt – ab.

All diese Aktivitäten lasteten aber auf den Schultern einer kleinen Gruppe, die Breitenwirkung blieb über Jahre aus. Der Verein führte ein Nischendasein. Die Zahl der Mitglieder blieb bescheiden – ihre Mitarbeit ebenfalls. So hielt der damalige Präsident Theo Ginsburg im Jahresbericht 1979 fest: »Die SAfB bildet dem Namen nach eine Arbeitsgemeinschaft, der über 400 Mitglieder angehören. Seit ihrer Gründung im Jahr 1972 jedoch sind praktisch alle Aktivitäten vom Vorstand ausgegangen. Das ›Fußvolk‹ begnügte sich damit, zwei- bis dreimal im Jahr von der Tätigkeit der SAfB Kenntnis zu nehmen. [...] Das Echo in der Öffentlichkeit ist bescheiden.«[192]

Ginsburgs Hoffnung, dass sich die Mitglieder aktiver beteiligen möchten, blieb aber auch in den nächsten zwei Jahrzehnten unerfüllt. Und bis heute ist Ecopop eine kleine Organisation geblieben. Sie soll nach einem deutlichen Zulauf in den letzten Monaten aktuell etwa 1500 Mitglieder umfassen,[193] wobei anzunehmen ist, dass davon weniger als die Hälfte effektiv zahlende Mitglieder sind.[194]

Neuer Auftrieb durch Thematisierung der Einwanderungsbeschränkung

Einen Durchbruch in der Öffentlichkeit erlebte die Organisation erst, als sie das Tabu der Koppelung ihrer ökologischen Bevölkerungspolitik mit der Einwanderungsfrage durchbrach und die Initiative »Stopp der Überbevölkerung« lancierte.

Das Sammeln der notwendigen 100 000 beglaubigten Unterschriften verlief zwar anfänglich äußerst harzig. An einer außerordentlichen Mitgliederversammlung am 30. Juni 2012 wurde ernsthaft der Abbruch diskutiert, dann aber verworfen. Den Durchbruch in letzter Minute brachte neben dem Einsatz sämtlicher finanzieller Reserven erst Unterstützung von außen.[195]

So sagte der bekannte Schweizer Heimatschützer Franz Weber öffentlich seine Unterstützung zu und warb im *Journal Franz Weber* für die Initiative.[196] Unterdessen hat Weber allerdings bekannt gegeben, die Initiative im Abstimmungskampf nicht aktiv zu unterstützen.[197] Ebenfalls wichtig für das Zustandekommen der Initiative war die Unterstützung der Schweizer Demokraten (SD), der ehemaligen NA. Die Partei scheiterte mit dem eigenen Initiativprojekt »für eine Stabilisierung der Gesamtbevölkerung« und beschloss darum im August 2012, den Sammelendspurt der Ecopop-Initiative aktiv zu unterstützen, auch wenn Ecopop ihrerseits der SD-Initiative die Unterstützung verweigert hatte.[198] Auch in der nationalkonservativen Zeitung *Schweizerzeit* Ulrich Schlüers, des früheren Sekretärs von James Schwarzenbach, konnte Ecopop einen Artikel veröffentlichen und den Unterschriftenbogen beilegen, und die rechtsnationale Aktion für eine unabhängige und neutrale Schweiz (AUNS) brachte Unterschriftenbogen unter ihre Mitglieder.[199]

Auch wenn Ecopop sich formell weiterhin klar von Fremdenfeindlichkeit abgrenzt, zeigt die Geschichte der Unterschriftensammlung deutlich: Es war im Wesentlichen die Thematisierung der Einwanderungsbeschränkung, welche die Vereinigung für Rechtsaußen attraktiv machte.

Im Gegensatz zu den 1970er-Jahren distanziert sich die Organisation unterdessen auch nicht mehr von Vorlagen der politischen Rechten – im Gegenteil hat Ecopop das Parlament für die Ablehnungsempfehlung zur »Masseneinwanderungsinitiative« der rechtspopulistischen Schweizerischen Volkspartei (SVP) ausdrücklich kritisiert[200] und die Annahme der Initiative am 9. Februar 2014 begrüßt[201], obwohl diese die Einwanderung nicht wie Ecopop »aus ökologischen Gründen« beschränken und darum die Personenfreizügigkeit kündigen will, sondern explizit Kontingente fordert, die sich nach dem »gesamtwirtschaftlichen Interesse« richten.

Diese Vereinbarkeit mit der »Das Boot ist voll«-Rhetorik hat überhaupt erst den Erfolg der Unterschriftensammlung der Ecopop-Initiative ermöglicht. Und sie lässt nun auch einen Erfolg in der Volksabstimmung nicht von vornherein ausgeschlossen erscheinen, obwohl bislang keine einzige Partei außer der kleinen SD deutliche Sympathien für die Initiative geäußert hat.

Für Natur und Nation, gegen den Menschen?

So ticken die unheimlichen Ökologen

»Bei all ihrer Besorgnis über die Manipulation an der Natur zeigt sich die Tiefenökologie sehr wenig interessiert an der Frage, wie menschliche Wesen einander manipulieren – außer vielleicht, wenn es um drastischere Maßnahmen geht, die angeblich ›nötig‹ sind für die ›Bevölkerungskontrolle‹.«
Murray Bookchin, 1987[202]

Nicht nur in den beiden Themenbereichen Bevölkerungspolitik und Einwanderungsbeschränkung tummeln sich unheimliche Ökologen, auch anderswo sind sie anzutreffen. In manchen Bereichen bieten ökologische Fragestellungen sowohl für progressive Umweltschützerinnen als auch für Ökologen von rechtsaußen Anknüpfungspunkte. Daher müssen die Argumente für eine ökologische Politik immer auch kritisch hinterfragt werden.

Wir teilen die politische Haltung von Oliver Geden, »dass es das Ziel und teilweise auch die Voraussetzung umweltpolitischen Engagements sein muss, Emanzipation und Selbstbestimmung des Menschen zu fördern, wozu Umweltschutz nur eine Komponente unter vielen anderen darstellt«.[203] Aber wir wissen auch, dass nicht alle, die sich für ökologische Ziele einsetzen, dies ebenfalls tun. Gerade wer die Umweltkrise ernst nimmt und auch politisch entschieden darauf reagieren will, muss sich darum auch der Frage stellen, welche gewollten oder ungewollten Nebenwirkungen bestimmte politische Haltungen haben und welchen politischen Bewegungen man sich bewusst oder unbewusst annähert, wenn man deren Denkfiguren in seinen eigenen Reflexionen übernimmt.

In einem kurzen Einschub zeigen wir deshalb etwas systematischer Merkmale einer politischen Ökologie auf, welche dem Ziel, die Selbstbestimmung des Menschen zu fördern, entgegenläuft. Wir orientieren uns dabei grob an der Gliederung, die Oliver Geden in seinem Buch *Rechte Ökologie*[204] aufgestellt hat.[205]

Naturalisierung des Menschen – gesellschaftliche Deutung der Natur

Der Biologismus betrachtet den Menschen nicht als gesellschaftliches Wesen, sondern vorab als eine intelligentere Tierart. Dabei wird angenommen, dass die gleichen ökologischen Gesetze für alle Lebewesen gelten – und dass diese Gesetze von der Wissenschaft der Ökologie wertfrei vermittelt werden. Aus den ökologischen Gesetzen wird zudem oft auch eine »natürliche« Gesellschaftsordnung abgeleitet.

Eine genauere Betrachtung zeigt allerdings, dass die Begriffe, mit denen die ökologischen Gesetze beschrieben werden, selber bereits der gesellschaftlichen Sphäre entstammen: »Egoismus« oder »Altruismus«, »Konkurrenz« oder »Kooperation«, »Kampf« und »Wettbewerb« sind alles menschliche Wertungen. Wer dann den darwinistischen Überlebenskampf und die klare Rangfolge vom Stärksten hin zum Schwächsten, die er selbst mit gesellschaftlichen Begriffen in die Natur hineinprojiziert hat, wieder auf die menschliche Gesellschaft rückanwendet, erhält eine scheinbar natürliche Rechtfertigung für Ungleichheit, Ausbeutung und für starre gesellschaftliche Hierarchien bis hin zu vormodernen Vorstellungen eines von einer Elite regierten Ständestaates.

Die Naturalisierung der menschlichen Verhältnisse funktioniert somit als einfacher Fehlschluss. Die Bilder einer tatsächlichen oder angestrebten menschlichen Ordnung werden auf die Natur projiziert – und die mithilfe dieser Bilder an Bedeutung aufgeladene Natur wird dann umgekehrt wieder zur Begründung der menschlichen Ordnung herangezogen. Ein Beispiel: Man bezeichnet die Organisation eines Termitenbaus als Staat – um dann daraus abzuleiten, die menschliche Gesellschaft müsse eben im Sinne der natürlichen Ordnung nach einem gleichen staatlichen Organisationsmodell funktionieren.[206] Oder man nennt den stärksten Löwen eines Rudels »König der Löwen« und leitet dann daraus ab, dass eine Gruppe von Menschen natürlicherweise auch von einem König regiert werden muss. In beiden Fällen werden nicht nur Menschen mit Tieren gleichgesetzt, sondern umgekehrt auch menschliche Begriffe zur Interpretation der Rolle der Tiere benutzt – und diese Interpretation dann wieder auf die Gesellschaft angewendet.

Nationalisierung der Ökologie – Ökologisierung der Nation

Der Biologismus macht nicht beim Menschen halt. Im Denken rechter Ökologen wie Werner Georg Haverbeck, dem Mitbegründer des Weltbunds zum Schutz des Lebens (WSL), wird auch die Nation selbst zur Natur. Während die eingeborenen Bewohner einer Nation mit der dortigen Natur verbunden gedacht werden, sind es die von außen kommende Naturfremdheit und der Herrschaftswille, welche die ursprüngliche, vorindustriell idyllische Einheit der Bauern mit ihrer Heimat zerstören. Begründet wird dies mit einem bemerkenswerten argumentativen Salto: »Wohin es führt, gegen die Natur zu denken, beweist gerade die ökologische Krise, und es hieße daher, sich zur Ökologie in Widerspruch zu setzen, wenn man die Nationen verleugnen wollte.«[207]

Die Nation wird so in einem Zirkelschluss zum natürlichen Biotop für das Volk.

Bioregionalismus

Vertreter des Bioregionalismus gehen noch einen Schritt weiter. Sie plädieren für einzelne, abgeschlossene Regionen, in denen die kulturelle und spirituelle Einheit der dort »natürlich verwurzelten« Menschen mit ihrer natürlichen Umgebung unter gleichzeitiger Ab- und Ausgrenzung aller Fremden gelebt werden soll.[208]

Getreu dem Dogma der Neuen Rechten betonen heute ökologische Nationalisten und Bioregionalisten oft nicht – wie dies der klassische Rassismus tut – die Überlegenheit einer bestimmten Rasse, Nation oder Kultur über alle anderen, sondern plädieren vielmehr im Sinne des Ethnopluralismus für das getrennte Nebeneinander. Allerdings soll und kann für sie jede Kultur nur an dem ihr von der Natur zugewiesenen Ort gelebt werden, frei nach dem Motto »Deutschland den Deutschen – Afrika den Afrikanern«. Eingewanderte dagegen stören – genau gleich wie gebietsfremde Pflanzen, sogenannte Neophyten im Bereich der Botanik – das natürliche Gleichgewicht der Heimat. Vermischung ist des Teufels und »unnatürlich«: Mit dieser Übertragung der Idee des Artenschutzes auf die Gesellschaft wird dann Ausgrenzung und Fremdenfeindlichkeit als natürliche menschliche Reaktion gerechtfertigt.

Starker Staat, Ökodiktatur und Ökoimperialismus

Immer wieder im Repertoire rechter Ökologen findet sich auch ein mehr oder weniger ausgeprägter Wunsch nach einem möglichst starken Staat – bis hin zu einer Ökodiktatur. Wenn es um die Rettung der Menschheit oder um das ökologische Überleben der eigenen Nation geht, müssen in dieser Sicht die Einzelinteressen und die persönlichen Rechte, welche in einem demokratischen Rechtsstaat ihren Ausdruck finden, vor dem Gesamtinteresse zurücktreten. Wenn die Idee der Freiheit überhaupt noch verfolgt wird, so wird sie hier nicht mehr als Freiheit des Individuums, sondern als Freiheit der Nation gedacht.

Daran schließen sich ökoimperialistische Spielarten an, die durchaus auch von Menschen mit einer linken Biografie vertreten werden. Unter dem Titel »Grüne Festung Europa«[209] beschrieb beispielsweise Udo Knapp, der letzte Vorsitzende des Sozialistischen Deutschen Studentenbunds (SDS), eines Sammelbeckens der Neuen Linken Deutschlands, den »industrialisierten Norden als Burg, die gegen das südliche Vorland im Interesse der globalen Ökologie verteidigt werden [muss], damit es nicht zur Übernahme des nördlichen Lebensstandards durch den Süden [kommt], weil dies einen globalen ökologischen Kollaps bewirken würde«.[210]

Tiefenökologie: Der Mensch tritt in den Hintergrund

Besonders in esoterisch geprägten Kreisen auf Anklang stößt schließlich die sogenannte Tiefenökologie. Sie wehrt sich gegen die Vorstellung, dass der Mensch die Krone oder gar der Herr der Schöpfung sei, und sieht ihn als gleichwertig mit jedem anderen Lebewesen in einem mythisch vollkommenen Biosystem.[211] Was auf den ersten Blick wie eine durchaus wichtige Kritik an Machbarkeitswahn und Naturausbeutung aussieht, wendet sich aber gegen den Menschen. Denn der Begründer der Tiefenökologie, Arne Naess, gibt dem Menschen durchaus eine besondere Aufgabe: Er ist für den Erhalt der ökologischen Harmonie verantwortlich – darf aber dabei die Interessen eines Regenwurms oder einer Schabe nicht geringer gewichten als die Interessen eines Menschen.

Der ökolibertäre Murray Bookchin kritisiert zu Recht, dass die Tiefenökologie sich damit in tiefe Selbstwidersprüche verstrickt – denn auch der Tiefenökologe geht davon aus, dass der Mensch etwas Besonderes ist, eben nicht wie ein Tier lebt, bewusste Entscheidungen treffen muss. Aber genau bei diesen Entscheidungen darf er seine Besonderheit nicht berücksichtigen, nicht berücksichtigen, dass er ein soziales Wesen ist: Fragen der sozialen Verhältnisse können so nicht gestellt werden. Bookchin kritisiert an der Tiefenökologie, dass sie,

»bei all ihrem Interesse an der Manipulation der Natur, [...] sehr wenig Interesse an der Frage [hat], wie menschliche Wesen einander manipulieren, außer vielleicht, wenn es um die drastischen Maßnahmen geht, die angeblich ›nötig‹ sind für die ›Bevölkerungskontrolle‹«.[212]

Augen auf

Viele der einzelnen konkreten Forderungen, die sich aus den hier geschilderten Denkmustern ergeben, sind durchaus vernünftig und decken sich mit denen von emanzipatorischen ökologischen Kräften. Wer beispielsweise die Globalisierung hinterfragt und regionale Landwirtschaft oder lokale Wirtschaftskreisläufe fördern will, ist überhaupt nicht zwingend ein faschistoider Bioregionalist. Wer das neoliberale Laissez-faire im Umweltbereich kritisiert und für eine klar stärkere Gewichtung der Umweltinteressen in der Gesetzgebung eintritt, muss noch lange nicht einer Ökodiktatur das Wort reden. Und wer die Ausbeutung der Natur aus reiner Profitgier einiger Großkonzerne kritisiert, muss kein menschenfeindlicher Tiefenökologe sein.

Umso wichtiger ist es aus unserer Sicht, genau und kritisch hinzuschauen, in welchem ideologischen Kontext und mit welchen Begründungen ökologische Forderungen gestellt werden.

Eine nachhaltige Zukunft gestalten

Schlusswort

»*Gemeingüter sind keine Sachen,
sondern soziale Verhältnisse.*«
Alain Lipietz, 2010[213]

Wir haben in diesem Buch einen kritischen Blick auf die unheimlichen Ökologen geworfen, im Bewusstsein, dass ihnen in der Ökologiebewegung immer auch andere Stimmen gegenüberstanden. Zum Schluss wollen wir einen Ausblick wagen und in groben Strichen skizzieren, warum eine solidarische Umweltpolitik notwendig ist und wie sie aussieht.

Das Wirtschaftswachstum der letzten beiden Jahrhunderte ist kaum fassbar. Seit Malthus' Zeit wuchs die Erdbevölkerung um das Sechsfache, die Weltwirtschaft dagegen ist heute etwa siebzigmal so groß wie 1800, das Bruttosozialprodukt pro Kopf hat sich mehr als verzehnfacht.[214] Diese Erfolgsgeschichte hat aber enorme Schattenseiten. Grundlage dieser Entwicklung war und bleibt die Plünderung nicht erneuerbarer Ressourcen, welche in diesem Ausmaß nicht nochmals zwei Jahrhunderte fortgesetzt werden kann. Seltene Rohstoffe und Erdöl gehen über kurz oder lang zur Neige.[215] Dramatische Folgen für die Umwelt und das globale Klima werden aber bereits für einen früheren Zeitpunkt prognostiziert.[216] Positive und negative Auswirkungen dieses Wirtschaftswachstums sind zudem sehr ungleich verteilt: In den letzten Jahrzehnten ist die Kluft zwischen Arm und Reich massiv gestiegen.[217] Zudem wird die Hälfte der Umweltbelastungen in armen Ländern durch die Wirtschaftsaktivitäten reicher Länder verursacht.[218]

Dass trotz dieser Gefahrenszenarien bereits die einfacheren, technischen Schritte zur Bewältigung der Umweltkrise auf einen beträchtlichen politischen Widerstand stoßen, ist eigentlich nur schwer zu verstehen.

Mythos Entkopplung

Effizienzsteigerung, und damit einhergehend eine Entkopplung von Wirtschaftswachstum und Umweltverschmutzung, ist der wohl mehrheitsfähigste Vorschlag, um die ökologische Krise zu meistern. Er kann im Denkgebäude der klassischen Ökonomie am einfachsten verankert werden. Die Idee einer richtiggehenden Effizienzrevolution wurde bereits in den 1990er-Jahren in die politische Debatte eingebracht. Das Buch *Faktor vier*[219] popularisierte ein Konzept von doppeltem Wohlstand bei halbem Ressourcenverbrauch. Diese Versprechungen haben sich aber bis heute nicht erfüllt. Die globale Energieintensität – also die Menge der Primärenergie, welche pro Wirtschaftsleistung verbraucht wird – ist heute zwar um ein Drittel niedriger als 1970. Die Kohlenstoffintensität der wirtschaftlichen Aktivitäten dagegen, die ebenfalls lange sank, steigt seit 2000 wieder an. Die Intensität bezeichnet allerdings bloß relative Zahlen: Absolut betrachtet sind die CO_2-Emissionen massiv gestiegen, seit 1970 um über 80 Prozent.[220] Zudem drohen Umweltgewinne durch den Rebound-Effekt gleich wieder zunichte gemacht zu werden (siehe Seite 49–51).

Die Gesellschaft neu erfinden

Neben der – durchaus notwendigen – Effizienzrevolution im technischen Bereich steht die Industriegesellschaft vor einer viel umfassenderen Herausforderung. Unsere westliche Gesellschaft muss sich nach zwei Jahrhunderten gewissermaßen neu erfinden. Das alte Patentrezept, dass Wirtschaftswachstum alle Probleme löst, funktioniert nicht länger. Wir müssen darüber diskutieren, was tatsächlicher Wohlstand bedeutet. Zudem muss diese Entwicklung so ausgestaltet werden, dass sie nicht wie bisher auf der Ausbeutung anderer Länder und Menschen aufbaut, sondern für den ganzen Planeten ökologisch verträglich und für alle Menschen gerecht ist.[221]

Fragen zu Technik, Wirtschaftsmodell, Gesellschaft und Politik greifen dabei ineinander und beeinflussen sich gegenseitig. Die Ausbeutung nicht erneuerbarer Energiequellen, zuerst von Kohle und dann von Erdöl und Erdgas, brachte in den vergangenen zwei Jahrhunderten eine beispiellose Umwälzung nicht nur der ganzen Wirtschaftsweise mit sich. Sie mischte gleichzeitig auch gesellschaftlich und politisch die Karten global gänzlich neu.[222] Die wirtschaftliche Entwicklung machte Unmögliches auf einmal möglich und war so auch ein Katalysator für gesellschaftlichen Fortschritt und für die Emanzipation von einer ständischen Gesellschaftsordnung.

Moderne Prinzipen wie Freiheit und Gleichheit aller Menschen oder auch die Verbreitung der Demokratie als Staatsform müssen auch im Zusammenhang mit dieser beispiellosen wirtschaftlichen Entwicklung gesehen werden. Bei aller berechtigten Kritik am heutigen Wirtschaftsmodell ist für uns deshalb die Rückkehr zu vormodernen Zuständen weder möglich noch erstrebenswert. Die Vorstellung, dass die Menschen in früheren Zeiten in einer wie auch immer gearteten natürlichen Ordnung gelebt hatten, ist ein Mythos. Eine natürliche Ordnung unter den Menschen und im Verhältnis des Menschen zur Natur gibt es nicht. Die zivilisatorischen Fortschritte, die mit der Aufklärung, der Französischen Revolution und der Erklärung der Menschenrechte einhergingen, sind gesellschaftliche Errungenschaften, auf denen wir aufbauen wollen.

Grenzen des Wachstums – Grenzen der Ungerechtigkeit

Verdrängt wurde bei der wirtschaftlichen Entwicklung allerdings nicht nur die Ausbeutung der Natur, welche die globalen ökologischen Grenzen bei weitem gesprengt hat – verdrängt wurde und wird dabei ebenso, wie sehr diese Entwicklung weiterhin auf ausbeuterischen Verhältnissen der Menschen untereinander aufbaut. Der heutige wirtschaftliche Wohlstand der Industriestaaten ist nur deshalb möglich, weil Menschen in anderen Kontinenten den Preis dafür zahlen.

Für uns ist klar: Neben den bekannten Grenzen des Wachstums gibt es auch Grenzen der Ungerechtigkeit. Wir stehen vor der Frage, wie wir uns als Gesellschaft, in unserem Dorf, in unserer Stadt, in unserem Land und auch weltweit zueinander verhalten. Denn die natürlichen Lebensgrundlagen, fruchtbarer Boden, Wasser, Luft, kurz eine saubere Umwelt, aber auch über Jahrmillionen entstandene Rohstoffe sind nicht einfach ein Besitz, der nach Belieben privatisiert und durch seine Besitzer verwertet werden kann. Natur und Rohstoffe sind nach unserem Verständnis vielmehr Gemeingüter aller Menschen. Und »Gemeingüter sind keine Sachen, sondern soziale Verhältnisse«, wie Alain Liepitz treffend sagt.[223] Macht und Besitz entscheiden über den Zugang zu Gemeingütern – wenn diese unfair verteilt sind, dann ist dies nicht eine Frage der Zahl, sondern eine Frage der gesellschaftlichen Verhältnisse.

Den biologischen Determinismus überwinden

Einige Biologen betrachten die Menschheit als biologische Art und nicht als ausdifferenzierte Gesellschaft. Diese Perspektive macht sie blind für die erläuterte gesellschaftliche Dimension. Im Blick steht dann eine Herde unterschiedsloser Einzeltiere, die rücksichtslos ihre Umgebung kahlfressen, dabei gleichzeitig die eigenen Lebensgrundlagen gefährden sowie eine Vielzahl anderer Tierarten verdrängen. Nicht alle Vertreter dieser soziobiologischen Sichtweise ziehen daraus allerdings den gleichen zynischen Schluss wie Seine Königliche

Hoheit Prinz Philip. Er schrieb als Ehrenpräsident des WWF 1987 in ein Vorwort zum Buch *If I Were an Animal:* »Wenn ich im Bücherregal all die Bände mit den roten Listen der bedrohten Arten sehe, muss ich zugeben, dass ich versucht bin zu bitten, als besonders tödlicher Virus [für Menschen] wiedergeboren zu werden.«[224] Andere Misanthropen mit biologistischem Blick sind vielleicht weniger proaktiv und warten nur darauf, bis das rücksichtslose Tier Mensch verhungert, selbst Opfer seines Raubbaus, vielleicht gar gänzlich ausstirbt.

Wir betrachten die Menschen nicht nur als biologische, sondern im Kern als soziale Lebewesen. Menschen haben die Möglichkeit, ihre Aktivitäten zu planen, die Zukunft abzuschätzen, Absprachen zu treffen, zusammenzuarbeiten. Darum stehen wir dem biologistischen Determinismus kritisch gegenüber. Ebenso lehnen wir eine technokratische Expertenherrschaft ab und stellen uns gegen die Haltung gewisser rechter Umweltschützer wie zum Beispiel Herbert Gruhl, nur eine Ökodiktatur könne noch die Lösung bringen.[225]

Die Ausbeutung der Natur und die Ausbeutung des Menschen können nur zusammen überwunden werden. Eine wirkliche und nachhaltige globale Wende muss sich auf diese sozialen Potenziale abstützen und ist nur als demokratisch abgestützte gesellschaftliche Wende denkbar.

Im gleichen Boot – aber nicht in der gleichen Klasse

Entsprechend hinterfragen wir auch das Bild, dass alle Menschen auf der Erde »im gleichen Boot« oder eben im gleichen Raumschiff sitzen. Denn tatsächlich spielen hier längst nicht alle die gleiche Rolle. Im Gegenteil, die Metapher wird oft dazu missbraucht, wesentliche Unterschiede zu überdecken. Bereits 1973 schrieb Hans Magnus Enzensberger treffend: »Der ideologische Zweck solcher vorschneller Globalisierungen liegt auf der Hand: Verleugnet werden soll dabei allemal der kleine Unterschied zwischen Erster Klasse und Zwischendeck, Kommandobrücke und Maschinenraum. Einer der ältesten Tricks zur Legitimierung von Klassenherrschaft und Ausbeutung feiert so im neuen Kostüm der Ökologie seine Auferstehung.«[226] Tatsächlich sprechen die Zahlen für sich: So konsumiert ein durchschnittlicher Bewohner Nordamerikas täglich 90 Kilogramm Ressourcen, eine durchschnittliche Europäerin 45 Kilogramm und ein durchschnittlicher Mensch in Afrika 10 Kilogramm – und die Unterschiede innerhalb der Kontinente und der einzelnen Länder dürften ebenso groß sein.[227]

Auch wenn die Diagnose stimmt, dass die Umweltkrise ein Menschheitsproblem ist, wäre es falsch, zu meinen, dass darunter alle Menschen gleich leiden und dass dafür auch alle die gleiche Verantwortung tragen. Unsere Verantwortung im Globalen Norden ist es deshalb, vordringlich das eigene Haus in Ordnung zu bringen, hinzuarbeiten auf eine globalisierbare Form von Wohlstand. Der global ökologisch verträgliche Ressourcenverbrauch muss fair auf alle Menschen verteilt werden: Immerhin drei Viertel der Menschen verbrauchen weniger als 2000 Watt. Für sie wäre eine egalitäre Verteilung eines umwelt- und klimaverträglichen Energieverbrauchs durchaus auch ein quantitatives Wachstumsversprechen.[228]

Wege in eine nachhaltige Zukunft auf drei Handlungsebenen

In der Verantwortung stehen heute die Verschwender. Sie müssen den Beweis antreten, dass die heutige Ausbeutungswirtschaft so umgebaut werden kann, dass sie zukunftsfähigen Wohlstand bringt. Das bedeutet keinesfalls ein Zurück zur Steinzeit, sondern einen bewussten Fokus auf eine Technik und eine Wirtschaftsweise, welche dem Menschen zum Nutzen sind, ohne seine Lebensgrundlagen zu untergraben.[229]

Für gesellschaftliche Auswege aus der ökologischen Krise gibt es eine Vielfalt von Lösungsansätzen. Frank Adler und Ulrich Schachtschneider teilen sie grob in drei Gruppen:[230] Während die erste Gruppe für einen fundamentalen Systemwechsel plädiert, bevorzugt die zweite eine sanfte Modernisierung innerhalb des heutigen Kapitalismus. Die dritte Gruppe vertritt eine Mitteposition, welche zwar wesentliche Errungenschaften der Moderne bewahren, aber gleichzeitig Teilbereiche der neoliberalen Entwicklung radikal hinterfragen will.

Uns sind all jene, welche eine einzige große Utopie für alle einfordern, zu absolut. Es existiert kein zentraler Schalter, den man einfach umlegen könnte. Zudem glauben wir nicht daran, dass die Lösung global überall dieselbe sein muss. Deshalb müssen sich verschiedene Strategien auf unterschiedlichen Handlungsebenen ergänzen.

In den folgenden drei Abschnitten versuchen wir, drei Handlungsebenen voneinander abzugrenzen und mit konkreten Beispielen zu illustrieren. Das Potenzial von Technik, Innovation und dessen intelligente politische Steuerung schildern wir im ersten Abschnitt. Im zweiten Abschnitt fokussieren wir auf die internationale und internationalistische Dimension, welche nötig ist, um das Ziel eines Menschenrechts auf egalitären Zugang zu den lokalen und globalen Gemeingütern zu etablieren. Der dritte Abschnitt schließlich widmet sich der Suffizienzperspektive und fordert ein anderes Wohlstandsmodell, das die eindimensionale Abhängigkeit vom Wirtschaftswachstum überwindet und der Anhäufung von Gütern und Abfall als Alternative den Reichtum verfügbarer Zeit gegenüberstellt.

Technische Innovation fördern – durch intelligente politische Steuerung

Eine erste Handlungsebene liegt im Bereich der Technik und der Innovation. Unerwartete Durchbrüche im Bereich der Technik gab und gibt es immer wieder. Aktuell wird beispielsweise weltweit intensiv an Treibstoffen aus Algen geforscht, die möglicherweise in näherer oder fernerer Zukunft einen wichtigen Beitrag zum Klimaschutz leisten könnten.[231] Dennoch wäre es fahrlässig, solchen Verheißungen blind zu vertrauen. Der Verweis auf Technik und Innovation ist allzu oft eine billige Ausrede für ein eigentliches Laissez-faire. Angesichts dessen, was für die Menschheit auf dem Spiel steht, ist ein solches Verhalten grobfahrlässig. Zusätzlich ist deshalb eine klare politische Steuerung vonnöten. Ohne Steuerung führt Innovation oft nur zu zusätzlichen Konsumangeboten, die dann auch genutzt werden – der Spareffekt verpufft. Das bedeutet, dass einerseits klimaschonende Techniken und Innovationen gefördert werden müssen, gleichzeitig aber auch klimaschädliche Produktion unattraktiv gemacht oder gar verboten werden muss.

Neben Fördermaßnahmen, Verbrauchsvorschriften und Verboten sind als bekannte Instrumente der Ökobonus und eine ökologische Steuerreform gute Möglichkeiten, der Verschwendung entgegenzusteuern. Der Ökobonus beeinflusst über finanzielle Anreize das Alltagsleben der Menschen: Umweltfreundliches Verhalten zahlt sich buchstäblich aus, während schädliches Verhalten mit Mehrkosten verbunden ist. Eine Einführung respektive Ausweitung wird nicht einfach sein, und doch überzeugt die Idee: Denn die Art und Weise, wie wir leben und arbeiten, wie wir Freizeit und Ferien verbringen und was wir konsumieren, beeinflusst in erheblichem Maß, wie stark wir Umwelt und Menschen ausbeuten. Wenn sich dies im Preis widerspiegelt, hilft es mehr als Dutzende von Labels und Aufrufen für ein bewussteres Konsumieren.

Eine ökologische Steuerreform könnte helfen, die Transformation der gesamten Wirtschaft von der fossilen Energieerzeugung in eine postfossile Zukunft zu beschleunigen.[232] Erneuerbare Energien würden auf Kosten der nicht erneuerbaren den Durchbruch schneller schaffen, aber auch das Konzept der »industriellen Ökologie« würde Auftrieb erhalten. Dabei geht es um Konsistenz-Strategien, also geschlossene Stoffkreisläufe, in denen einmal verwendete Rohstoffe nicht einfach zu Abfall werden, sondern systematisch für neue Produkte genutzt werden können. Die Grünen stellen diese Idee in der Schweiz mit ihrer Initiative für eine »Grüne Wirtschaft« erstmals auch politisch zur Debatte.[233]

Steuern heißt auch öffentlich Druck machen, damit keine Investitionen mehr in Richtung fossile Wirtschaft fließen. Die Notwendigkeit besteht, denn gemäß dem letzten IPCC-Bericht droht – trotz des Booms der erneuerbaren Energien sowohl im Globalen Norden als auch im Globalen Süden – ein eigentliches Revival der Kohle.[234] Der Grund: Nach wie vor werden neue fossile Kraftwerke geplant, anstatt die bestehenden möglichst schnell vom Netz zu nehmen – und dies sogar in Ländern wie Deutschland, einem Pionierland der Förderung der Produktion erneuerbarer Energien. Der WWF Schweiz brachte seine Kritik an dieser Entwicklung wie folgt auf den Punkt: »Es darf kein Geld mehr in neue fossile Infrastruktur fließen – also keine neuen Öl- und Gasheizungen, aber auch keine Pensionskassengelder für Ölunternehmen und kein Bundesgeld mehr für internationale Entwicklungsbanken, die Kohlekraftwerke finanzieren.«[235] Die Schweiz hat zwar keine eigenen Kohlekraftwerke, doch investierten verschiedene Schweizer Energieunternehmen in den letzten Jahren Geld in die Planung neuer Kohlekraftwerke in Europa. Das Bündner Energieunternehmen Repower beispielsweise gab erst im Jahr 2014, nach einer durch den Verein »Zukunft statt Kohle« erzwungenen Volksabstimmung, seine Pläne für Beteiligungen an Kohlekraftwerken in Deutschland und Italien auf.[236]

Auch Konjunkturprogramme während Wirtschaftskrisen müssen konsequent auf die Förderung einer grünen Wirtschaft ausgerichtet sein. Während der Finanzkrise 2008 wurde die Idee eines »Green New Deal« lanciert. Wirtschaftswachstum und Beschäftigung sollten angekurbelt und damit gleichzeitig der Umbau Richtung grüne Wirtschaft beschleunigt werden. Eine Win-win-Situation also. Trotz großer Popularität des »Green New Deal« floss tatsächlich nur ein Bruchteil der Konjunkturspritzen zur Bewältigung der realwirtschaftlichen Folgen der Finanzkrise in grüne Bereiche. Die meisten Gelder wurden in klassische Programme investiert. Von weltweit 2,8 Billionen US-Dollar kann man tatsächlich nur etwa 15 Prozent als grüne Investitionen bezeichnen. Die Spitze einiger löblicher Ausnahmen stellt Südkorea dar, wo über 80 Prozent der Investitionen in Umweltprogramme im engeren oder weiteren Sinne flossen.[237] Aus diesen Erfahrungen muss die Konsequenz gezogen werden, dass alle öffentlichen Investitionen in Bezug auf ihre Klimaauswirkungen analysiert und transparent gemacht werden müssen, ähnlich wie beim »gender budgeting« die Auswirkungen auf die Gleichstellung erfasst werden.

Diese erste Handlungsebene hat bei allen Beschränkungen umgekehrt den Vorteil, dass sie in einzelnen Staaten relativ unabhängig vorangetrieben werden kann – und durch den »early mover advantage«, den Vorteil desjenigen also, der als Erster ein neues, innovatives Produkt auf den Markt bringen kann, der eigenen Wirtschaft sogar bessere Chancen im Weltmarkt sichert.[238]

Internationale Abkommen und lokale Kämpfe: Ganz oben und ganz unten aktiv werden

Eine zweite Handlungsebene ist das Aushandeln einer egalitäreren Nutzung der Gemeingüter.[239] Hier müssen regionale bis idealerweise globale Abkommen verbindliche Spielregeln für alle schaffen. Nur so kann ein Gegengewicht zur wirtschaftlichen Übermacht der Industriestaaten und der multinationalen Großkonzerne geschaffen werden.

Die Kritik am Leerlauf bei internationalen Konferenzen ist berechtigt und die verbreitete Enttäuschung verständlich. Dennoch wäre es falsch, Hintergrundarbeit und Kampagnen im Hinblick auf internationale Abkommen zu vernachlässigen. (Teil-)Erfolge gab und gibt es immer wieder. Wenn der Druck der Öffentlichkeit groß genug ist und wenn Alternativen zur Verfügung stehen, dann kann ein Umstieg gelingen. Der wissenschaftlich bestätigte Rückgang des Ozonlochs nach dem FCKW-Verbot durch das Montreal-Protokoll von 1987 ist eine Folge eines mühsam ausgehandelten internationalen Abkommens und technologischer Fortschritte. Selbst das viel kritisierte Kyoto-Protokoll von 1997 war in psychologischer Hinsicht wichtig. Einigungen in für das Klimasystem wichtigen Teilbereichen, etwa beim Waldschutz, sind möglich: Anlässlich der UNO-Klimakonferenz in Bali wurde 2007 das Klimaschutzinstrument REDD (Waldschutz und Kompensationszahlungen) beschlossen.[240] Auch wenn viele dieser Abkommen weit davon entfernt sind, perfekt zu sein, stärken sie dennoch die Legitimität für nationale Maßnahmenpakete und ganz generell den Stellenwert des Umweltschutzes gegenüber Wirtschaftsabkommen im Bereich des Freihandels, die nicht selten Umweltziele zu unterminieren drohen.

Bei der Nutzung von Gemeingütern geht es um mehr echte Demokratie im Sinne von Partizipation, also um faire Aushandlungsprozesse, die zu einer gerechteren Verteilung von Nutzungsrechten, Schutzpflichten und Umweltlasten führen sollen. Die Umweltbewegung sollte sich stärker als heute mit lokalen Basisbewegungen in ärmeren Ländern vernetzen. Sie setzen sich unter schwierigsten Bedingungen gegen die Zerstörung ihrer Lebensgrundlagen ein: Sie kämpfen gegen den Abbau von fossilen Rohstoffen, die Förderung von Erdöl, die Abholzung des tropischen Regenwaldes oder auch gegen den Landraub für eine exportorientierte Plantagenwirtschaft. Im Globalen Süden werden Umwelt und Mensch in einer Art und Weise ausgebeutet, die bei uns in der Schweiz oder in Deutschland kaum mehr möglich wäre. Große multinationale Firmen (wie Glencore, Syngenta, Shell oder global tätige Finanzinstitute) sind wesentlich an dieser globalen Ausbeutung beteiligt. Oft geht der übereilte Ausverkauf von Rohstoffen zu Dumpingpreisen einher mit der korrupten Bereicherung lokaler Machteliten in den Herkunftsländern. Der Kampf für mehr echte Demokratie in diesen Ländern ist darum sowohl aus Gerechtigkeits- wie aus Umweltschutzgründen wichtig.

Suffizienzperspektive entwickeln: Einfach besser leben

Die dritte und herausforderndste Handlungsebene ist die Suffizienz, also die Frage, wie viel genug ist. Die vollständige Entkopplung von Wirtschaftswachstum und Ressourcenverbrauch ist ein Mythos.

Letztlich stehen wir in den reichen Ländern in der Pflicht, uns vom Wachstumszwang der Wirtschaft zu befreien. Wir müssen eine Suffizienzperspektive entwickeln, die weiter geht als individuelles Aussteigertum. Suffizienz anstreben muss deshalb heißen, die Logik des heutigen Systems grundlegend zu verändern. Eine neue Definition von Wohlstand wird nötig. Genügsamkeit bedeutet so verstanden nicht Verzicht im negativen Sinne, sondern viel eher einen neuen Fokus der Gesellschaft, welcher die gleichberechtigte Teilhabe am erwirtschafteten Reichtum, das Zusammenleben und die Freiheit der verfügbaren Zeit ins Zentrum stellt: »Sobriété heureuse« heißt dies treffend auf Französisch – glückliche Nüchternheit statt Abhängigkeit von der Droge Wirtschaftswachstum mit all ihren Nebenwirkungen.

Im Grundsatz teilt heute eine wachsende Anzahl von Menschen das Gefühl, dass wir etwas anderes sein sollten als ein Rädchen in einem Räderwerk, das sich immer schneller und immer sinnloser dreht. Dennoch sind die wenigsten bereit, eine fundamentale Wende auch tatkräftig einzuleiten. Wieso? Die Antwort ist einfach: Weil die Sorge um Job und Einkommen, die Angst vor sozialem Abstieg und Armut zu groß sind. Und dies nicht unberechtigt. Tim Jackson bezeichnet das Dilemma als Unmöglichkeitstheorem: »Wachstum ist nicht nachhaltig – zumindest in seiner heutigen Form. Ausufernder Ressourcenverbrauch und steigende Umweltkosten verschärfen fundamentale Ungleichheiten beim sozialen Wohlergehen. [...] Wirtschaftsschrumpfung ist instabil – zumindest unter derzeitigen Bedingungen. Verringerte Verbrauchernachfrage führt zu steigender Arbeitslosigkeit, nachlassender Wettbewerbsfähigkeit und damit in eine Rezessionsspirale.«[241] Eine Wende zur Suffizienz darf darum genau nicht so umgesetzt werden, dass bloß die bereits Armen den Gürtel enger schnallen müssen. Die Frage der Verteilungsgerechtigkeit von Arbeit und Einkommen gehört vielmehr mit auf den Tisch.

Von vielen Wirtschaftsverbänden wird stattdessen bewusst die Angst vor dem wirtschaftlichen und sozialen Niedergang geschürt. Damit er nicht geschehe, dürfe die unternehmerische Freiheit keinesfalls eingeschränkt werden. Die Freiheit zur Umsetzung gesellschaftlicher Alternativen wird aber genau durch diese einseitige Fokussierung beschnitten. Die zentrale Zukunftsfrage ist die Verteilung, Ausgestaltung und Entlöhnung der Erwerbsarbeit – und auch ihr Verhältnis zu nicht monetär entlöhnter Arbeit. Arbeit ist nicht nur ein Produktionsfaktor: »Wird Arbeit als Ware behandelt, so ist es nur konsequent, den Sinn der Produkte dieser Arbeit darin zu sehen, dass sie Abfall werden, um neue Nachfrage zu schaffen.«[242]

Mehr Eigenverantwortung und Mitbestimmung am Arbeitsplatz führt umgekehrt auch zu einem anderen Verhältnis zu den Erzeugnissen und so – wie Richard Sennett treffend bemerkt – auch zu qualitativ hochwertigeren und dauerhafteren Produkten.[243]

Infrage gestellt ist damit der »Fetisch der makroökonomischen Arbeitsproduktivität«[244] in Nord und Süd. Tim Jackson kritisiert die Fixierung auf die Produktivitätssteigerung als »ein Rezept zur Aushöhlung von Arbeit, Gemeinschaft und Umwelt« innerhalb der Industriestaaten.[245] Vandana Shiva kritisiert ihrerseits am Beispiel Indiens eine völlig einseitige Messung der Produktivität von Landwirtschaft. Der Ertrag einer ökologischen, arbeitskraftintensiven, aber erdölarmen Landwirtschaft gelte nichts gegenüber einer kapital- und erdölintensiven, nicht nachhaltigen Landwirtschaft, die mit einem Bruchteil der Arbeiterinnen und Arbeiter auskomme.[246] Gerade diejenigen Sektoren der Wirtschaft also, die viele Menschen beschäftigen, gelten als unproduktiv. Shiva sieht darin eine »Wegwerfmentalität« gegenüber den Menschen.[247]

Was ist die Lösung? Wirtschaftssektoren oder Arbeitsbereiche, die viele Menschen beschäftigen, wie etwa die (biologische) Landwirtschaft, handwerkliche Aufgaben, aber auch der kulturelle sowie der Gesundheits- und Betreuungsbereich (Care) müssen aufgewertet werden.

Der Nutzen für die Gesellschaft darf nicht nur am Wachstum des Bruttoinlandsprodukts gemessen werden. Im Bereich der Produktion beispielsweise lässt sich der Umsatz senken, ohne dass der gesellschaftliche Nutzen kleiner wird – oft ist sogar das Gegenteil der Fall: Ein qualitativ hochwertiges Werkzeug oder Haushaltgerät braucht nicht ein Vielfaches der Ressourcen eines Wegwerfgeräts und kann erst noch viel länger genutzt und gegebenenfalls auch repariert werden.

Wir ahnen es: Eine Suffizienzperspektive zu entwickeln, die mehr ist als eine kleine Nische individueller Selbstverwirklichung, ist eine Generationenaufgabe. Die Verantwortung dafür kann nicht an den einzelnen Menschen delegiert werden. Es ist vielmehr eine gesamtgesellschaftliche Aufgabe, die Rahmenbedingungen so zu ändern, dass Suffizienz gelebt werden kann und dass der dabei resultierende Gewinn an Lebensqualität, an sozialen Beziehungen, an Sinnhaftigkeit, an Vertrauen in die Zukunft überhaupt erst sichtbar und erstrebenswert wird. Und doch ist es wichtig, auch schon heute, unter politisch ungünstigen Rahmenbedingungen, sein eigenes Leben und das eigene soziale Umfeld suffizienter zu gestalten. Wie die »Befreiung vom Überfluss« konkret gelingen und wie der Weg in eine »Postwachstumsökonomie« aussehen könnte, beschreibt Nico Paech anhand konkreter kleiner Beispiele: Die gemeinsame Nutzung von Gebrauchsgegenständen innerhalb einer Wohnsiedlung, Tausch, aber auch die gemeinschaftliche Produktion von Nahrungsmitteln im Rahmen von Urban-Gardening-Projekten sind für ihn ganz praktische Bausteine eines suffizienteren Lebens.[248] Gleichzeitig spricht er auch die großen Fragen an und thematisiert eine massive Senkung der Erwerbsarbeitszeit – wie dies auch der englische Thinktank New Economics Foundation mit seinem Projekt einer »21-Stunden-Woche« skizziert.[249]

Wer sich vertieft mit der Idee von Suffizienz beschäftigen möchte, findet im Anhang einige weiterführende Bücher zum Thema.

Trotz allem: Mit Optimismus die Zukunft gestalten

Wir haben vorher angesprochen, wie wichtig geeignete gesellschaftliche Rahmenbedingungen für die Entwicklung einer Suffizienzperspektive sind. Wie aber werden diese gesellschaftlichen Rahmenbedingungen beeinflusst? Welche Rolle kann der Staat, können nationale Gesetze bei diesem Wandel spielen? Mit Colin Crouch stellen wir fest, dass die alte Dualität von Markt und Staat nicht länger brauchbare Erkenntnisse liefert.[250] Zwei weitere wichtige Mitspieler müssen mit gedacht werden: die multinationalen Konzerne und die Zivilgesellschaft. Der Nationalstaat allein kann jedenfalls gegen die Multis nicht mehr einfach durch eine Regulierung innerhalb der eigenen Grenzen bestehen. Zwar ist der Abgesang auf die verlorenen Möglichkeiten des Nationalstaats zur autonomen Politikgestaltung oft auch bloß eine in kritischer Geste verkleidete billige Ausrede – dann muss sie entlarvt werden. Andererseits zeigte sich gerade in der Finanzkrise tatsächlich auch die Erpressbarkeit der politischen Entscheidungsträger. So verglich der ehemalige IWF-Chefökonom Simon Johnson den Einfluss der Finanzbranche auf die Regierung in Washington mit der Situation in einem Drittweltland.[251]

Umgekehrt liegt die Lösung aber auch nicht einfach bei mehr individueller Eigenverantwortung und mehr Zivilgesellschaft. Statt inszenierter Postdemokratie[252] benötigen wir wieder real gelebte Demokratie mit echter Partizipation der Menschen auf allen Ebenen: der lokalen, der regionalen, der nationalen und auch der supranationalen. Nur so können wir in der ganzen Breite der Gesellschaft auf ein Problem reagieren, das wir uns selbst geschaffen haben.

Bei Ecopop und ähnlichen Organisationen bleiben die zentralen Fragen für den globalen Umweltschutz außen vor: Wie können wir gesellschaftliche Rahmenbedingungen gestalten, die Richtung Suffizienz führen? Wie schaffen wir es, die Menschen am ökologisch und sozial notwendigen Umbau der Industriegesellschaft zu beteiligen? Wie wollen wir den Umgang mit Gemeingütern wie Wasser, Luft, Boden und Rohstoffen gerecht und ökologisch nachhaltig regeln? Statt Antworten auf diese Fragen zu suchen, beschwört Ecopop die Schreckensvision einer Schweiz im ökologischen Ausnahmezustand herauf, die vor zu vielen fremden Menschen geschützt werden muss. Ecopop propagiert eine Bevölkerungspolitik unter ökologischen Vorzeichen und bringt diese mit angeblicher Wissenschaftlichkeit und selbsterklärenden Formeln rhetorisch geschickt in die politische Auseinandersetzung ein. Die unheimlichen Ökologen, wie wir sie in diesem Buch genannt haben, sind aber mit ihrer Schuldzuweisung an »die anderen« nicht nur auf dem Holzweg, sondern stehen mit ihr einer zukunftsgerichteten Umweltpolitik geradezu im Weg – auch wenn sie behaupten, ein Tabu zu brechen. Früh distanzierten sich darum Umweltschutzorganisationen wie der WWF Schweiz, die Schweizerische Energiestiftung (SES) und Greenpeace Schweiz von der Initiative – mit der Begründung, dass sie nichts mit Umweltschutz zu tun hat.

Wenn die Initiative von Ecopop die Umweltbewegung allerdings dazu zwingt, wieder einmal darüber nachzudenken, woher sie kommt und wohin die Reise gehen soll und wohin nicht, dann hätte sie damit durchaus ein – ungewolltes – Verdienst.

Wenn sie die anstehende Transformation unserer Gesellschaft als Antwort auf die Mehrfachkrise wirklich anstrebt, muss die Umweltbewegung eine fundamental politische Einmischung als Kernaufgabe begreifen. Sie muss verstehen, dass der Schutz der Natur kein von der Natur diktiertes Ziel ist, sondern eine Antwort auf die Frage, in welcher Art von Gesellschaft und Wirtschaft und in welcher Beziehung wir Menschen untereinander leben wollen.

So groß die ökologischen Herausforderungen und der notwendige gesellschaftliche Wandel letztlich auch sind – unsere Überzeugung, dass der Raubbau an unserem Planeten, an der Natur und die Ausbeutung unserer Mitmenschen keine natürlichen, sondern gesellschaftliche und machtpolitische Ursachen hat, stimmt uns zuinnerst auch optimistisch: denn wenn die heutige Gesellschafts- und Wirtschaftsweise keine Naturnotwendigkeit ist, kann sie grundsätzlich auch geändert werden.

Anhang

Anmerkungen

1 Vandermeer, John: »Ecological Determinism«, in: The Ann Arbor Science for the People (Organization) (Hrsg.): *Biology as a social weapon*, Minneapolis: Burgess Publishing 1977, S. 108–122, hier S. 118.
2 Albrecht, Stephan und Albert Engel (Hrsg.): *Weltagrarbericht. Synthesebericht*, Hamburg: Hamburg University Press 2009, S. xv.
3 Ecopop: »Eidgenössische Volksinitiative ›Stopp der Überbevölkerung – zur Sicherung der natürlichen Lebensgrundlagen‹«, www.admin.ch/ch/d/pore/vi/vis406t.html [abgerufen am 3.1.2014].
4 Mesner, Maria: *Geburten / Kontrolle – Reproduktionspolitik im 20. Jahrhundert*, Wien: Böhlau 2010, S. 236.
5 Deutsch Türkische Nachrichten: »Russland will mit türkischer Familienpolitik gleichziehen: Putin wiederholt Erdoğans Forderung nach 3 Kindern« (12.12.2012), www.deutsch-tuerkische-nachrichten.de/2012/12/464437/russland-will-mit-tuerkischer-familienpolitik-gleichziehen-putin-wiederholt-erdogans-forderung-nach-3-kindern/ [abgerufen am 9.6.2013].
6 Ecopop: »Stopp dem umweltbedrohenden Bevölkerungswachstum!« (7.10.2013), www.ecopop.ch/joomla15/index.php?option=com_content&view=article&id=62&Itemid=111&lang=de [abgerufen am 9.9.2013].
7 Population Connection: »Mission Statement«, www.populationconnection.org/site/PageServer?pagename=about_goalsandmission [abgerufen am 10.7.2013]. Übers. d. A.
8 Ehrlich, Paul R.: *Die Bevölkerungsbombe*, Frankfurt am Main: S. Fischer 1973 [engl. *The Population Bomb*, 1968], S. 46.
9 Ecopop: »Gegenargumente zur Initiative«, www.ecopop.ch/joomla/index.php/de/argumente-de [abgerufen am 6.5.2014].
10 Shiva, Vandana: *Leben ohne Erdöl. Eine Wirtschaft von unten gegen die Krise von oben*, Zürich: Rotpunktverlag 2009 [engl. *Soil not Oil: Environmental Justice in a Time of Climate Crisis*, 2008].
11 Ebd., S. 209.
12 Ebd., S. 11.
13 Ebd., S. 18.
14 Chase, Allan: *The legacy of Malthus: The social costs of the new scientific racism*, Urbana: University of Illinois Press 1980, S. 406. Übers. d. A.

15 Radkau, Joachim: *Die Ära der Ökologie. Eine Weltgeschichte*, München: C. H. Beck 2011, S. 324.

16 Zahlen zitiert nach Rome, Adam: »›Give Earth a Chance‹: The Environmental Movement and the Sixties«, *The Journal of American History*, 90/2 (2003), S. 525–554, hier S. 527; vergleichbare Zahlen für die National Audubon Society und Wilderness Society nennt Sills, David L.: »The environmental movement and its critics«, *Human Ecology*, 3/1 (1975), S. 1–41, hier S. 2, und erwähnt, dass eine Studie für die US Environmental Protection Agency die Zahl der Anfang der 1970er-Jahre in Umweltschutzbewegungen in den USA aktiven Menschen auf 5 bis 10 Millionen schätzte.

17 Lutts, Ralph H.: »Chemical Fallout: Rachel Carson's Silent Spring, Radioactive Fallout, and the Environmental Movement«, *Environmental Review*, ER 9/3 (1985), S. 211–225, hier S. 212, der die Auswirkung von Carsons Buch auf das Entstehen einer neuen ökologischen Bewegung sogar ursächlich auf ihre Warnung vor einer unsichtbaren Gefahr zurückführt.

18 Carson, Rachel: *Der stumme Frühling*, München: C. H. Beck 1987 [engl. *Silent spring*, 1962].

19 Lutts: »Chemical Fallout«, S. 211.

20 Boulding, Kenneth E.: »The Economics of the Coming Spaceship Earth«, in: Henry Jarrett (Hrsg.): *Environmental Quality in a Growing Economy*, Baltimore: Johns Hopkins University Press 1971 [1966] (Resources for the Future), S. 3–14.

21 Meadows, Dennis, Donella H. Meadows und Erich Zahn: *Die Grenzen des Wachstums. Bericht des Club of Rome zur Lage der Menschheit*, München: Deutsche Verlags-Anstalt 1972 [engl. *The Limits to Growth*, 1972].

22 Ebd., S. 41.

23 Das Buch wird in der Folge gemäß der deutschen Übersetzung zitiert: Malthus, Thomas Robert: *Das Bevölkerungsgesetz*, München: Deutscher Taschenbuch Verlag 1977 [engl. *An essay on the principle of population as it affects the future improvement of society, with remarks on the speculations of Mr. Godwin, M. Condorcet, and other writers*, 1798].

24 Randeria, Shalini: »Malthus contra Condorcet: Bevölkerungspolitik, Gender und Kultur aus ethnologischer Perspektive«, *Historische Anthropologie*, 14 (2006), S. 30–48.

25 Malthus: *Das Bevölkerungsgesetz*, S. 37.

26 Ebd., S. 39.

27 Ebd.

28 Ebd., S. 89.

29 Ebd., S. 45.

30 Ebd.

31 Ross, Eric B.: *The Malthus factor: Poverty, politics and population in capitalist development*, London, New York: Zed Books 1998, S. 4.

32 Galton, Francis: »Hereditary Talent and Character«, *Macmillan's Magazine*, XII/68/69 (1865), S. 157–166, 318–327, hier S. 327. Übers. d. A.

33 Ross: *The Malthus factor*, S. 60.

34 Walter, Franz: »Linke Eugenik«, *Cicero Online* (17.10.2011), www.cicero.de/blog/goettinger-demokratie-forschung/2011-10-17/linke-eugenik [abgerufen am 20.12.2013].

35 Zur Geschichte der Eugeniker Kühl, Stefan: *Die Internationale der Rassisten. Aufstieg und Niedergang der internationalen Bewegung für Eugenik und Rassenhygiene im 20. Jahrhundert*, Frankfurt am Main: Campus 1997; die bis weit nach dem Zweiten Weltkrieg akzeptierte eugenisch motivierte Bevölkerungspolitik in Schweden stellt Etzemüller, Thomas: *Ein ewigwährender Untergang. Der apokalyptische Bevölkerungsdiskurs im 20. Jahrhundert*, Bielefeld: transcript 2007, S. 121–128 eindrücklich dar.

36 Kühl: *Die Internationale der Rassisten*, S. 198 f.

37 Ebd., S. 198.

38 Ross: *The Malthus factor*, S. 72 f.

39 Heute vertritt der Sierra Club bevölkerungspolitisch nach eigenen Angaben die Leitlinien der Internationalen Bevölkerungskonferenz von Kairo. In einem Mitgliedervotum wurde zudem beschlossen, dass die Organisation offiziell keine Stellungnahmen zur US-Einwanderungspolitik abgibt (siehe Schlussabschnitt Sierra Club: »Official Policy on Population« (22.8.2013), www.sierraclub.org/policy/conservation/population.pdf).

40 Ehrlich: *Die Bevölkerungsbombe*.

41 Zitiert nach Burke, B. Meredith: »Immigration has direct effect on environment«, *The Seattle Times* (15.6.2000).

42 Zitiert nach Ray, Dixy Lee: *Trashing the planet: How science can help us deal with acid rain, depletion of the ozone, and nuclear waste (among other things)*, Washington DC, Lanham MD: Regnery Gateway, distributed by National Book Network 1990, S. 169 (Quelle von uns nicht überprüft).

43 Leu, Karin: »Die Gründer des WWF« (2004), http://assets.wwf.ch/downloads/wwf_geschichte_gruender_d.pdf [abgerufen am 22.12.2013].

44 Meadows/Meadows/Zahn: *Die Grenzen des Wachstums. Bericht des Club of Rome zur Lage der Menschheit.*

45 Dazu u. a. Enzensberger, Hans Magnus und Karl Markus Michel (Hrsg.): *Ökologie und Politik oder Die Zukunft der Industrialisierung*, Bd. 33, Berlin: Rotbuch 1973 (Kursbuch).

46 Holden, Constance: »Ehrlich versus Commoner: An Environmental Fallout«, *Science*, 177/4045 (1972), S. 245–247 zur unerbittlich geführten Fehde zwischen Paul Ehrlich und einem anderen Pionier der US-Umweltbegung, Barry Commoner. Commoner vertrat die Ansicht, dass unsere Produktionsweise und nicht die Überbevölkerung die Wurzel der Umweltprobleme sei; in Commoner, Barry: »How Poverty Breeds Overpopulation (and not the other way around)«, *Rampart*, 13/10 (1975), S. 21–25, 58 f. argumentiert er, dass die Armut durch kolonialistische Ausbeutung für die Überbevölkerung im Trikont verantwortlich sei und nicht die Überbevölkerung für die Armut.

47 Ehrlich: *Die Bevölkerungsbombe*, S. 13.

48 Bardi, Ugo und Eva Leipprand: *Der geplünderte Planet. Die Zukunft des Menschen im Zeitalter schwindender Ressourcen*, München: oekom 2013, S. 215–220.

49 Walter, Nik: »»Ja, ich bin Schwarzmaler, der Himmel fällt uns auf den Kopf««, Interview mit Paul Ehrlich, *SonntagsZeitung* (24.2.2013).

50 Albrecht/Engel (Hrsg.): *Weltagrarbericht*. S. 6–8.

51 UNEP-UNCTAD: »Organic Agriculture and Food Security« (2008), http://unctad.org/en/docs/ditcted200715_en.pdf [abgerufen am 5.4.2014].

52 Ebd., S. 39. Übers. d. A.

53 Ebd. Übers. d. A.

54 Hartmann, Betsy und Elizabeth Barajas-Román: »Klimawandel und Bevölkerungsbombe«, *Gen-ethischer Informationsdienst*, Nr. 217 (April 2013), S. 21–22. Hartmann und Barajas-Román beziehen sich in diesem Kommentar kritisch auf die Studie von Murtaugh, Paul A. und Michael G. Schlax, »Reproduction and the carbon legacies of individuals«, *Global Environmental Change*, 19 (2009), S. 14–20.

55 Etzemüller: *Ein ewigwährender Untergang*, S. 41.

56 Connelly, Matthew James: *Fatal misconception: The struggle to control world population*, Cambridge MA: Belknap Press of Harvard University Press 2008, S. 233.

57 Connelly, Matthew: »Seeing beyond the State: The Population Control Movement and the Problem of Sovereignty«, *Past & Present*, 193 (2006), S. 197–233, hier S. 224.

58 Für die Geschichte der verschiedenen Stiftungen Mesner, Maria: *Geburten / Kontrolle – Reproduktionspolitik im 20. Jahrhundert*, Wien: Böhlau 2010, S. 235ff.

59 Population Council: »Our history«, www.popcouncil.org/about/timeline [abgerufen am 25.4.2014].

60 Bendix, Daniel und Susanne Schultz: »Implantierte Verhütung«, www.gen-ethisches-netzwerk.de/gid/217/susanne/implantierte-verh%C3%BCtung [abgerufen am 22.2.2014].

61 Connelly: »Seeing beyond the State«, S. 232.

62 Die Stiftung initiierte einen Londoner Gipfel 2012 zu Familienplanung, Family Planning 2020: »The 2012 London Summit on Family Planning«, www.familyplanning2020.org/about-us/the-2012-london-summit-on-family-planning.

63 Nimmt man als Indikator den Verbrauch fossilen Kohlenstoffs und rechnet man vereinfachend mit den Durchschnittswerten pro Staat, so verursacht das erste Zehntel der Weltbevölkerung 30 Prozent des gesamten fossilen Kohlenstoffverbrauchs, das zweite Zehntel 17 Prozent, das dritte, vierte und fünfte Zehntel je 12 Prozent, das sechste 6 Prozent, das siebente 4 Prozent, das achte und neunte je 3 Prozent und das zehnte 2 Prozent. Diese Zahlen stellen aber die Ungleichverteilung verflacht dar, da sie die Unterschiede innerhalb der Staaten einebnen und ignorieren, dass die Staaten mit geringerem Pro-Kopf-Verbrauch in der Regel mehr exportieren, das heißt, dass ein Teil ihres Verbrauchs eigentlich Staaten mit höherem Pro-Kopf-Verbrauch angerechnet werden müsste. – Eigene Berechnungen mit Daten des World Resources Institute von 2010.

64 Die Neoklassik ist ein ausgesprochen elegantes Theoriegebäude, das auf einer ausgesprochen unrealistischen Annahme basiert: dem idealen Markt. Läuft etwas schief, gilt das als »Marktversagen«: Das »größte Marktversagen, das die Welt je gesehen hat«, hat Sir Nicholas Stern den Klimawandel genannt (Stern, Nicolas H. [Hrsg.]: *The economics of climate change: The Stern review*, Cambridge, New York: Cambridge University Press 2007, S. viii). Aber Umweltzerstörung ist kein Marktversagen, sondern Folge des normalen Marktfunktionierens.

65 Marchetti, Cesare: »10 to the 12th: A check on the earth-carrying capacity for man«, *Energy*, 4/6 (1979), S. 1107–1117.

66 Soll I den CO_2-Ausstoß ausdrücken, ergibt sich: $T = CO_2 : BIP$ – das ist der Kehrwert dessen, was in der Klimadebatte auch die »CO_2-Effizienz« einer Volkswirtschaft heißt.

67 Ob das Bruttoinlandsprodukt mit Wohlstand im Sinne von Wohlergehen der Menschen viel zu tun hat, sei dahingestellt.

68 Meadows/Meadows/Zahn: *Die Grenzen des Wachstums. Bericht des Club of Rome zur Lage der Menschheit.*

69 Auch die sogenannten Sparlampen sind um ungefähr einen Faktor 4 effizienter als die effizientesten der konventionellen, zuvor üblichen Glühbirnen.

70 Herring, Horace: »Is Engergy Efficiency Environmentally Friendly?«, *Energy & Environment*, 11/3 (2000), S. 313-325.

71 Mahner wie Klaus Leisinger, der 1999 die »sechste Milliarde« und deren Folgen für eine nachhaltige Entwicklung ansprach, wurden kaum gehört (Leisinger, Klaus: *Die sechste Milliarde. Weltbevölkerung und nachhaltige Entwicklung,* München: C. H. Beck 1999); auch Birg, Herwig: *Die Weltbevölkerung. Dynamik und Gefahren,* München: C. H. Beck 1996; Brown, Lester R., Gary Gardner und Brian Halweil: *Wie viel ist zu viel? 19 Dimensionen der Bevölkerungsentwicklung,* Stuttgart: Hampp 2000; Deutsche Stiftung Weltbevölkerung: *Divergenz der Trends. Neue demographische Herausforderungen. DSW Symposium 2001,* Hannover: DSW 2001; Ulrich, Ralf: »Globale Bevölkerungsdynamik«, in: Opitz, Peter J. (Hrsg.): *Weltprobleme im 21. Jahrhundert,* München: Fink 2001, S. 21-52; Haub, Carl: *Dynamik der Weltbevölkerung 2002,* Stuttgart: Balance 2002.

72 Die Arbeit an Modellen der sozialen Sicherung steht hoch oben auf der entwicklungspolitischen Agenda, da traditionelle und familiäre Sicherungsstrukturen sich zunehmend auflösen. Gesucht wird nach sozialen, nicht beitragsfinanzierten Rentenmodellen; dazu beispielhaft die Beiträge im Dossier von Engagement Global: »Schwerpunkt: Soziale Sicherung«, *E+Z Entwicklung und Zusammenarbeit,* 11 (2013), S. 408-425.

73 Die Initiative wird auch von Entwicklungsorganisationen heftig kritisiert; dazu z. B. Dok, Geert van und Marianne Hochueli: *Bevölkerungspolitik auf Irrwegen. Caritas zur Initiative »Stopp der Überbevölkerung« von Ecopop,* Luzern: Caritas Schweiz 2013.

74 Wo nicht anders vermerkt, sind alle folgenden Zahlen und Prognosen dem Bericht »World Population Prospects« des Department of Economic and Social Affairs (DESA) und der zugehörigen Datenbank entnommen (DESA: *World Population Prospects, the 2012 Revision. Key Findings and Advance Tables* und DESA: *World Population Prospects, the 2012 Revision. Excel Tables, Fertility Data,* New York: United Nations Department of Economic and Social Affairs 2013). Das DESA ist im UNO-System für demografische Fragen und Entwicklungen zuständig. Die hier verwendeten Prognosen ab 2015 gehen von einer »mittleren« Fruchtbarkeitsrate aus: Es wird ein Rückgang der Fruchtbarkeit für jene Länder, in denen große Familien noch immer weit verbreitet sind, sowie eine leichte Zunahme in Ländern mit weniger als durchschnittlich zwei Kindern je Frau angenommen.

75 Siehe zu den afrikaspezifischen Prognosen weiter unten den Abschnitt »Demografische Entwicklungen«.

76 Die 48 »am wenigsten entwickelten Länder« oder LDC (34 Staaten in Afrika, 9 in Asien, 4 in Ozeanien sowie Haiti) sind gekennzeichnet durch ein tiefes Durchschnittseinkommen (< 1190 US-Dollar pro Kopf und Jahr), durch schwache menschliche Ressourcen, gemessen an Ernährung, Gesundheit, Bildung und Alphabetisierungsrate, sowie durch wirtschaftliche Verletzbarkeit (DESA: *LDC Information. The Criteria for Identifying Least Developed Countries. Overview,* New York: United Nations Department of Economic and Social Affairs 2013).

77 Für eine stabile Bevölkerungszahl braucht es eine Fruchtbarkeitsrate von 2,1. Seit 1975 liegt sie in Industrieländern darunter. In der Schweiz beträgt sie 1,53: 1,43 bei Schweizerinnen, 1,85 bei Ausländerinnen, siehe Bundesamt für Statistik: »Zusam-

mengefasste Geburtenziffer«, 01 Bevölkerung > Bevölkerungsbewegung > Indikatoren > Geburten und Fruchtbarkeit, www.bfs.admin.ch/bfs/portal/de/index/themen/01/06/blank/key/02/05.html [abgerufen am 9.1.2014].

78 Zum Vergleich: Weltweit sind 26 Prozent unter 15 und 8 Prozent über 65 Jahre; dazu Deutsche Stiftung Weltbevölkerung: »Länderdatenbank« (2014), www.weltbevoelkerung.de/laenderdatenbank.html [abgerufen am 13.2.2014].

79 Siehe dazu auch das Kapitel »Die Dynamik aufrechterhalten« in: UNDP: *Bericht über die menschliche Entwicklung 2013. Der Aufstieg des Südens. Menschlicher Fortschritt in einer ungleichen Welt*, Berlin: Deutsche Gesellschaft für die Vereinten Nationen e. V. 2013, S. 107–127.

80 Sippel, Lilli u. a.: *Afrikas demografische Herausforderung. Wie eine junge Bevölkerung Entwicklung ermöglichen kann*, Berlin: Berlin-Institut für Bevölkerung und Entwicklung 2011, S. 39.

81 Zitiert aus UNFPA: *Overview. ICPD – International Conference on Population and Development*, New York: United Nations Population Fund 2014, eigene Übersetzung; vgl. auch: United Nations: *Report of the International Conference on Population and Development, Cairo, 5–13 September 1994*, New York: POPIN 1995; mehr Informationen auf: ICPD: »About ICPD Beyond 2014«, icpdbeyond2014.org/; vgl. auch High-Level Task Force for ICPD: *Politikempfehlungen für ICPD Beyond 2014: Sexuelle und reproduktive Gesundheit und Rechte für alle*, Hannover: DSW 2013.

82 UNFPA: *State of World Population 2012. By Choice, Not By Chance: Family Planning, Human Rights and Development*, New York: United Nations Population Fund 2012.

83 DEZA: *Die Schweiz und der Bevölkerungsfonds der Vereinten Nationen (UNFPA)*, Bern: Direktion für Entwicklung und Zusammenarbeit 2013.

84 Bundesrat: *Botschaft zur Volksinitiative »Stopp der Überbevölkerung – zur Sicherung der natürlichen Lebensgrundlagen«* (2013), S. 8730.

85 Niggli, Peter: *Der Streit um die Entwicklungshilfe. Mehr tun – aber das Richtige*, Zürich: Rotpunktverlag 2008, speziell S. 69–74.

86 Seit 1990 ist die Kindersterblichkeit um die Hälfte zurückgegangen; UNICEF: *Committing to Child Survival: A Promise Renewed. Progress Report 2013*, New York: United Nations Children's Fund 2013, S. 3.

87 So liegt beispielsweise in Angola die durchschnittliche Kinderzahl von Frauen ohne Schulbildung bei knapp 8, von Frauen mit Grundschulbildung bei knapp 6 und von Frauen mit mindestens Sekundarschulabschluss bei etwa 2,5 Kindern (Datenbasis 2005–2008), vgl. Kitziak, Tanja u. a.: »Demografisches Ungleichgewicht. Subsahara-Afrika steht dem weltweiten Bevölkerungstrend entgegen«, in: DGD (Hrsg.), *Wiederanstieg oder Stagnation der Geburtenraten? Spielräume der Fertilitätsentwicklung und Wandel der Familie*, Bd. 1, Berlin: DGD 2013 (DGD-Online-Publikation), S. 20–27, hier S. 25.

88 Ohne solche Investitionen besteht im Übrigen die Gefahr, dass qualifizierte Fachkräfte in Schwellen- oder Industrieländer abwandern (Brain Drain), was die Bildungsanstrengungen teilweise wieder zunichtemacht. Gerade LDC gehören heute zu den Brain-Drain-Verlierern; vgl. dazu: Zeugin, Bettina und Geert van Dok: »Brain Migration – Entwicklungspotenzial für arme Länder?«, in: *Migration – ein Beitrag zur Entwicklung?*, Zürich: Seismo 2007, S. 71–103.

89 Heute sind 810 Millionen Menschen über 60 Jahre alt, 2050 werden es Prognosen zufolge etwa 2 Milliarden sein. Im Globalen Süden wird ein Fünftel der Bevölkerung zu dieser Altersgruppe gehören. Vgl. dazu: Lehr, Ursula: *Alterung der Bevölke-*

rung, Berlin: Berlin-Institut für Bevölkerung und Entwicklung 2013 (Online-Handbuch Demografie).

90 UNRIC: *Altern und Entwicklung. Hintergrundinformationen*, Bonn: United Nations Regional Information Centre for Western Europe 2002 (Zweite Weltversammlung zur Frage des Alterns: »Eine Gesellschaft für alle Altersgruppen schaffen«). Vielleicht wäre es angebrachter, den Satz abzuschließen mit, »... ohne je reich zu werden«.

91 Die Bevölkerung Europas wird den Prognosen zufolge bis 2075 um 10 Prozent zurückgehen (DESA: *World Population Prospects, the 2012 Revision. Excel Tables, Fertility Data*).

92 Deutsche Stiftung Weltbevölkerung: *Datenreport 2012: Soziale und demografische Daten weltweit*, Hannover: DSW 2012, S. 5.

93 DESA: *World Population Prospects, the 2012 Revision. Key Findings and Advance Tables*, S. 28. Dann werden »in allen Kontinenten mit Ausnahme Afrikas mehr ältere Menschen (im Alter von mindestens 60 Jahren) leben als Kinder (unter 15 Jahren)« (UNDP: *Bericht über die menschliche Entwicklung 2009. Barrieren überwinden. Migration und menschliche Entwicklung*, Berlin: Deutsche Gesellschaft für die Vereinten Nationen e. V. 2009, S. 55).

94 DESA: *World Population Prospects, the 2012 Revision. Key Findings and Advance Tables*; vgl. auch die Daten des Population Reference Bureau, das von leicht höheren Zahlen ausgeht (Population Reference Bureau: *World Population Data Sheet 2013*, Washington DC: PRB 2013, S. 6).

95 Kröhnert, Steffen u. a.: *Fünf Löwen auf dem Sprung? Wirtschaftliche und demografische Potenziale der aufstrebenden Länder Afrikas*, Berlin: Berlin-Institut für Bevölkerung und Entwicklung 2012.

96 Dok, Geert van: *Perspektiven für Afrikas junge Bevölkerung? Zur demografischen Entwicklung in Afrika*, Luzern: Caritas Schweiz 2013 (Mediendienst 9).

97 Mao Tse-tung: »Der Bankrott der idealistischen Geschichtsauffassung«, in: Mao, Tse-tung (Hrsg.): *Ausgewählte Werke*, Bd. 4, Peking 1949, S. 481–490.

98 Greenhalgh, Susan und Edwin A. Winckler: *Governing China's Population: From Leninist to Neoliberal Biopolitics*, Stanford: Stanford University Press 2005.

99 Ebd.

100 Heim, Susanne und Ulrike Schaz: *Berechnung und Beschwörung. Überbevölkerung. Kritik einer Debatte*, Berlin: Schwarze Risse / Rote Straße 1995.

101 Connelly: *Fatal misconception*.

102 Bendix/Schultz: »Implantierte Verhütung«.

103 Ebd.

104 Ebd.

105 Population Action International: »The Economics of Birth Control« (12.11.2013), http://populationaction.org/data-and-maps/the-economics-of-birth-control/ [abgerufen am 31.1.2014]. Übers. d. A.

106 Gronewold, Nathanial: »One Quarter of World's Population Lacks Electricity«, *Scientific American* (24.11.2009), http://www.scientificamerican.com/article/electricity-gap-developing-countries-energy-wood-charcoal/ [abgerufen am 2.5.2014].

107 Randeria, Shalini: »Die sozio-ökonomische Einbettung reproduktiver Rechte: Frauen und Bevölkerungspolitik in Indien«, *Feministische Studien 1* (1995), S. 119–132.

108 Portisch, Hugo: *China – Bevölkerungskontrolle: Ein Kind ist genug*, (Video/DVD), Grünwald: FWU Institut für Film und Bild 1997.

109 Greenhalgh, Susan: »Planned Births, Unplanned Persons: Population in the Making of Chinese Modernity«, *American Ethnologist*, 2/30 (2003), S. 196–215; dies.: »Making up China's black population«, in: Szreter, Simon, Hani Sholkamy und Arunachalam Dharmalingam (Hrsg.): *Categories and Contexts: Anthropological and Historical Studies in Critical Demography*, Oxford: Oxford University Press 2004, S. 148–172.

110 Greenhalgh: »Planned Births, Unplanned Persons: Population in the Making of Chinese Modernity«, *American Ethnologist*, 2/30 (2003), S. 196–215.

111 Ebd.; Greenhalgh: »Making up China's ›black population‹«, in: Szreter, Simon et al (Hrsg.): *Categories and Contexts: Anthropological and Historical Studies in Critical Demography*, Oxford: Oxford University Press 2004, S. 148–172.

112 Interessanterweise war Frank Notstein Präsident des Population Council (1959–1968), der an der Entwicklung von Norplant federführend beteiligt war.

113 Notestein, Frank W.: »Economic problems of population change«, *Proceedings of the Eighth International Conference of Agricultural Economists*, London: Oxford University Press 1953, S. 13–31.

114 Bledsoe, Caroline: »The Politics of Children: Fosterage and the Social Management of Fertility Among the Mende of Sierra Leone«, in: Handwerker, W. Penn (Hrsg.): *Births and Power: The Politics of Reproduction*, Colorado: Westview 1990, S. 81–100.

115 Mamdani, Mahmood: *The Myth of Population Control: Family, Caste and Class in an Indian Village*, New York, London: Monthly Review Press.

116 Randeria, Shalini: »Das Wunder Kerala – eine Erfolgsgeschichte indischer Bevölkerungspolitik?«, in: Wichterich, Christa (Hrsg.): *Menschen nach Maß. Bevölkerungspolitik in Nord und Süd*, Göttingen: Lamuv 1994, S. 239–262; Randeria: »Die sozioökonomische Einbettung reproduktiver Rechte: Frauen und Bevölkerungspolitik in Indien«.

117 Drèze, Jean und Amartya Sen: *India: Develoment and Participation*, Delhi: Oxford University Press 2002.

118 Randeria, Shalini: »Staatliche Interventionen, Bevölkerungskontrolle und Gender: Indien und China im Vergleich«, in: Klinger, Cornelia, Gudrun-Axeli Knapp und Birgit Sauer (Hrsg.): *Achsen der Ungleichheit. Zum Verhältnis von Klasse, Geschlecht und Ethnizität*, Frankfurt, New York: Campus 2008, S. 235–256.

119 Randeria: »Malthus contra Condorcet: Bevölkerungspolitik, Gender und Kultur aus ethnologischer Perspektive«.

120 Hunt, Nancy Rose: »Colonial Medical Anthropology and the Making of the Central African Infertility Belt«, in: Tilley, Helen und Robert Gordon (Hrsg.): *Ordering Africa. Anthropology, Imperialism, and the Ordering of Africa*, Manchester: Manchester University Press 2007, S. 252–284; Hunt, Nancy Rose: »Le bébé en brousse: European Women, African Birth Spacing and Colonial Intervention in Breast Feeding in the Belgian Congo«, in: Cooper, Frederick und Ann Laura Stoler (Hrsg.): *Tensions of Empire: Colonial Cultures in a Bourgeois World*, Berkeley: University of California Press 1997, S. 87–321.

121 Hunt: »Le bébé en brousse: European Women, African Birth Spacing and Colonial Intervention in Breast Feeding in the Belgian Congo«.
122 Zitiert nach Chandrasekhar, Subrahmanyan: *Population and Planned Parenthood in India*, 2. Aufl., London: Allen & Unwin 1961.
123 Ecopop: *Eine ökologisch orientierte Bevölkerungspolitik*, Wädenswil: Ecopop 2006. Teile dieses Beitrags erschienen bereits in der cfd-Zeitung und in der Mitgliederzeitschrift des Grünen Bündnisses Bern: Sancar, Annemarie, »Freiwillige Familienplanung – eine bevölkerungspolitische List!«, *cfd-Zeitung*, 1/14 (2014), www.cfd-ch.org/pdf_temp/Ecopop_Familienplanung_ASancar_cfd.pdf [abgerufen am 3.5.2014]; Sancar, Annemarie und Leena Schmitter, »Wer ist ›zu viel‹?«, *grün*. Nr. 14 (April 2014), S. 4–5.
124 An der UNO-Weltbevölkerungskonferenz von 1994 in Kairo wurden das Recht auf reproduktive Gesundheit als bevölkerungspolitischer Auftrag festgeschrieben und ein auf Empowerment ausgerichtetes Aktionsprogramm verabschiedet, das als wichtigste Elemente die individuelle Selbstbestimmung über Sexualität und Fortpflanzung betont.
125 Autorinnenkollektiv Bevölkerungspolitik: »Das Schweigen nach Kairo. Institutionalisierte Bevölkerungspolitik«, *iz3w 297* (2006).
126 UNFPA: *Das Recht auf Entscheidung. Familienplanung, Menschenrechte und Entwicklung. Kurzfassung des Weltbevölkerungsberichts 2012*, Hannover: DSW 2012, S. 27.
127 Kortendiek, Beate: »Familienplanung«, *Metzler Lexikon Gender Studies Geschlechterforschung*, Stuttgart: J. B. Metzler 2002.
128 Die folgenden Ausführungen basieren auf der Dissertation von Leena Schmitter: »Politiken der Reproduktion. Die Frauenbewegung und die Liberalisierung des Schwangerschaftsabbruchs in der Schweiz (1971–2002)«, Bern: Universität Bern.
129 Zwischen 1971 und 2002 manifestierte sich ein immer deutlich werdender Graben zwischen feministischen Anliegen der (neuen) Frauenbewegung und der SVSS, deren Hauptexponentin Anne-Marie Rey war. Rey gehörte zu den Initiantinnen der ersten Initiative für die Straflosigkeit der Abtreibung (1971) und war Sekretärin der Schweizerischen Arbeitsgemeinschaft für Bevölkerungsfragen (SAfB), die heutige Ecopop, der sie auch heute noch angehört. Die Lancierung der Initiative von 1971 basiert auf den Vorarbeiten der SAfB. Vgl. Rey, Anne-Marie: *Die Erzengelmacherin. Das 30-jährige Ringen um die Fristenregelung. Memoiren*, Zürich: Xanthippe 2007, S. 89–91. Die erste Initiative für die Straflosigkeit der Abtreibung von 1971 wurde von Rey mit lanciert und mitgetragen. Nach deren Rückzug 1975 und Ersetzung durch eine liberalere Fristenregelungsinitiative 1976 sprach sich die 1973 gegründete SVSS – im Gegensatz zu feministischen Gruppen – öffentlich nicht für die Straffreiheit, sondern die Liberalisierung der Abtreibungsgesetzgebung aus.
130 »Ob Kinder oder keine, entscheiden wir alleine!«, so lautete ein Slogan der Frauenbewegung im Kampf für freie Abtreibung.
131 Gymnich, Marion: »Firestone, Shulamith«, *Metzler Lexikon Gender Studies Geschlechterforschung*, Stuttgart: J. B. Metzler 2002.
132 Firestone, Shulamith: *Frauenbefreiung und sexuelle Revolution: The dialectic of sex*, Frankfurt am Main: S. Fischer [engl. *The Dialectic of Sex: The Case for Feminist Revolution*, 1970], S. 191.
133 Fetz, Anita: »Den Preis bezahlen die Frauen«, in: dies., Florianne Koechlin und Ruth Mascarin: *Gene, Frauen und Millionen. Diskussionsbeitrag zu Gen- und Fortpflanzungstechnologien*, Zürich: Rotpunktverlag 1986, S. 9–26, hier S. 19.

134 Ebd., S. 10.

135 Ebd.

136 Fraser, Nancy: »Feminismus, Kapitalismus und die List der Geschichte«, *Blätter für deutsche und internationale Politik*, 8 (2009), S. 43–57.

137 Fetz u. a.: *Gene, Frauen und Millionen*, S. 50.

138 Le Bras, Hervé: *Les limites de la planète. Mythe de la nature et de la population*, Paris: Flammarion 1997, S. 279. Übers. d. A.

139 Der Klassiker Schumacher, Ernst Friedrich: *Small is beautiful. Die Rückkehr zum menschlichen Maß*, München: oekom 2013 [engl. *Small is Beautiful: (A Study of) Economics as if People Mattered*, 1973], S. 31 führte dies schon treffend aus: »Es gibt arme Gesellschaften, die zu wenig haben. Doch wo ist die reiche Gesellschaft, die sagt: ›Halt! Wir haben genug‹? Es gibt sie nicht.« Und rechnet vor, wie viel größer der Einfluss des Energiekonsums der Industrieländer im Vergleich zu den armen Ländern ist, selbst wenn diese ein höheres Bevölkerungswachstum haben.

140 Barnett, Larry D.: »Zero Population Growth, Inc.«, *BioScience*, 21/14 (1971), S. 759–765.

141 Robertson, Thomas: *The Malthusian moment: Global population growth and the birth of American environmentalism*, New Brunswick: Rutgers University Press 2012 (Studies in modern science, technology, and the environment), S. 171–175 zeigt auf, wie Paul Ehrlich, der sich später in seinem Buch *The Race Bomb* auch gegen die Idee biologischer Rassen wandte, zwischen 1998 und 1970 Kritikern aus den Reihen der Bürgerrechtsbewegung entgegenkam und wenigstens in öffentlichen Reden den Fokus seiner Position veränderte: »Ich möchte betonen, dass das Bevölkerungsproblem in erster Linie ein Problem des wohlhabenden Weißen auf dieser Welt ist. [...] In unserem Land zum Bespiel leiden Minderheitengruppen allgemein an der Umweltverschmutzung der Weißen und verursachen sie nicht. [...] Grundsätzlich bestehlen die Reichen dieser Erde immer die Armen.« Ebd., S. 174. Übers. d. A.

142 Southern Poverty Law Center: »John Tanton's Network«, www.splcenter.org/get-informed/intelligence-report/browse-all-issues/2002/summer/the-puppeteer/john-tantons-network [abgerufen am 30.4.2014].

143 Deparle, Jason: »The Anti-Immigration Crusader«, *The New York Times* (17.4.2011).

144 Lutton, Wayne und John Tanton: *The immigration invasion*, Monterey: American Immigration Control Foundation 1994.

145 Tanton, John, Denis McCormack und Joseph Wayne Smith (Hrsg.): *Immigration and the social contract: The implosion of Western societies*, Vermont: Brookfield 1996.

146 Ehrlich, Paul R.: *The race bomb: Skin color, prejudice, and intelligence*, New York: Quadrangle/New York Times Book 1977.

147 Abbey, Edward: »Immigration and Liberal Taboos«, http://compassrosebooks.blogspot.ch/2009/10/edward-abbey-on-immigration.html [abgerufen am 30.4.2014].

148 Hardin, Garrett: »The Tragedy of the Commons«, *Science*, 162/3859 (1968), S. 1243–1248.

149 Für Kritik an dieser problematischen Sicht, welche den Menschen fälschlicherweise auf die Dimension eines individuell nutzenoptimierenden Homo oeconomicus reduziert, und für Alternativen dazu verweisen wir auf Helfrich, Silke und Heinrich-Böll-Stiftung (Hrsg.): *Commons. Für eine neue Politik jenseits von Markt und Staat*, Bielefeld: transcript 2012; Ostrom, Elinor: *Was mehr wird, wenn wir teilen. Vom gesellschaftlichen Wert der Gemeingüter*, München: oekom 2011.

150 Hardin, Garrett: »Lifeboat Ethics: the Case Against Helping the Poor«, *Psychology Today*, September (1974).

151 Aiken, William: »Lifeboat Ethics?«, *BioScience*, 29/6 (1979), S. 336; Birg, Herwig: *Der Konflikt zwischen Spaceship Ethics und Lifeboat Ethics und die Verantwortung der Bevölkerungstheorie für die Humanökologie*, Bd. 40, 1991 (Dokumentationen, Informationen, Meinungen) arbeitet diesen Unterschied noch präziser aus.

152 Le Bras: *Les limites de la planète*, S. 279, zitiert nach Minois, Georges: *Le poids du nombre: l'obsession du surpeuplement dans l'histoire*, Paris: Perrin 2011 (Pour l'histoire), S. 557. Übers. d. A.

153 Jedenfalls gemäß einer Zusammenstellung von Support U.S. Population Stabilization (SUSPS): »Official Sierra Club Population Policy«, www.susps.org/history/scpolicy.html#ihist [abgerufen am 10.4.2014].

154 Vgl. die Fußnoten 313 und 314 in Voss, Kathrin: *Öffentlichkeitsarbeit von Nichtregierungsorganisationen. Mittel – Ziele – interne Strukturen*, Wiesbaden: VS Verlag für Sozialwissenschaften 2007, S. 215 f.; die offizielle Bevölkerungspolitik des Sierra Club ist festgehalten in Sierra Club: »Official Policy on Population«.

155 Sierra Club: »Sierra Club Supports Path to Citizenship for Undocumented Immigrants« (25.4.2013), http://content.sierraclub.org/press-releases/2013/04/sierra-club-supports-path-citizenship-undocumented-immigrants [abgerufen am 30.4.2014].

156 Samuelsohn, Darren: »Greens move to heal immigration reform rift«, *Politico* (2.6.2013), www.politico.com/story/2013/06/immigration-reform-greens-environment-92099.html [abgerufen am 2.6.2013].

157 Radkau: *Die Ära der Ökologie*, S. 140–142 erzählt, wie am 7. November 1969 in Genschers Innenministerium nach US-amerikanischem Vorbild der »Umweltschutz« erfunden wurde.

158 Haeckel, Ernst: *Natürliche Schöpfungsgeschichte. Gemeinverständliche wissenschaftliche Vorträge über die Entwickelungslehre im Allgemeinen und diejenige von Darwin, Goethe und Lamarck im Besonderen*, 4. Aufl., Berlin: Reimer 1873, S. 155, zitiert nach Geden, Oliver: *Rechte Ökologie. Umweltschutz zwischen Emanzipation und Faschismus*, Berlin: Elefanten Press 1996 (Antifa Edition), S. 15.

159 Geden: *Rechte Ökologie*, S. 29.

160 Lorenz, Konrad: »Durch Domestikation verursachte Störungen arteigenen Verhaltens«, *Zeitschrift für angewandte Psychologie und Charakterkunde*, 59 (1940), S. 2–81, hier S. 71.

161 Lorenz, Konrad: *Die acht Todsünden der zivilisierten Menschheit*, München: Piper 2000 [1972].

162 Ebd., S. 108.

163 Gruhl, Herbert: *Ein Planet wird geplündert. Die Schreckensbilanz unserer Politik*, Frankfurt am Main: S. Fischer 1975.

164 Geden: *Rechte Ökologie*, S. 95–100 führt aus, dass die inhaltliche Grundpositionierung der ÖDP sich jenseits der Formalien nicht wesentlich veränderte.

165 Ebd., S. 83–94.

166 Gruhl: *Ein Planet wird geplündert*, S. 303, 322, zitiert nach Geden: *Rechte Ökologie*, S. 57 f.

167 Bierl, Peter: *Grüne Braune: Umwelt-, Tier- und Heimatschutz von Rechts*, Münster: Unrast 2014, S. 44.

168 Ebd., S. 50.

169 Hämmerli, Thomas: »Dichtestress: Ein helvetischer Spleen«, in: ders. (Hrsg.): *Der Zug ist voll. Die Schweiz im Dichtestress*, Zürich: Kein & Aber 2014 (Intelligent leben 6), S. 13–39, hier S. 24 f., erklärt launig die Herkunft des Kampfbegriffs, der 1976 durch Frederic Vester etabliert worden sein soll. Vester führt als Beleg für den menschlichen Dichtestress die Reaktionen der ausgesprochen ungeselligen Art der Tupajas, einer Art Baumspitzhörnchen, an.

170 Kneubühler, Ueli: »Zuwanderung: Die Panikmacher«, *Bilanz* (25.6.2011).

171 Drews, Isabel: »*Schweizer erwache!*«. *Der Rechtspopulist James Schwarzenbach (1967–1978)*, Frauenfeld: Huber 2005 (Studien zur Zeitgeschichte, Bd. 7), S. 71–72; Maiolino, Angelo: *Als die Italiener noch Tschinggen waren. Der Widerstand gegen die Schwarzenbach-Initiative*, Zürich: Rotpunktverlag 2011.

172 Schwarzenbach, James: »Volksinitiative ›Überfremdung‹« (1969), www.admin.ch/ch/d/pore/vi/vis93t.html.

173 Drews: »*Schweizer erwache!*«, S. 76–77.

174 Wir danken Ecopop für die Bewilligung, das Archiv aus den Anfangsjahren der SAfB konsultieren zu können.

175 Rey, Anne-Marie: »Ein dringendes Problem: Geburtenregelung in der Schweiz«, *Der Bund* (24.3.1970).

176 Rey: *Die Erzengelmacherin*, S. 87–90.

177 Anne-Marie Rey (*1937), die Galionsfigur der ersten Frauenbewegung in der Schweiz für die Legalisierung des Schwangerschaftsabbruchs, ist damit ebenso an der Schnittstelle zwischen bevölkerungspolitischem Engagement und Einsatz für die Frauenrechte wie die 58 Jahre früher geborene Margaret Sanger in den USA, welche überhaupt erst den Begriff der »Geburtenkontrolle« erfand, als sie 1921 die American Birth Control League, die Vorgängerorganisation von Planned Parenthood, gründete, und gleichzeitig ein starkes eugenisches und später bevölkerungspolitisches Engagement zeigte. Connelly: *Fatal misconception*, S. 51.

178 Ecopop-Archiv: *Die Arbeitsgemeinschaft für Bevölkerungsfragen. Bisherige Tätigkeit*, Archiv für Zeitgeschichte der ETH Zürich 1971.

179 Ecopop-Archiv: *Gründungssitzung vom 5. Juni 1970*, Archiv für Zeitgeschichte der ETH Zürich.

180 Ecopop-Archiv: *Brief H. Stamm an Anne-Marie Rey vom 30.5.1970*, Archiv für Zeitgeschichte der ETH Zürich.

181 Ecopop-Archiv: *Stellungnahme von Anne-Marie Rey. Zusammenkunft der medizinisch-biologischen Arbeitsgruppe am 25. Aug. 1970*, Archiv für Zeitgeschichte der ETH Zürich.

182 Ecopop-Archiv: *Gruppe Mensch und Umwelt. Protokoll vom 24. November 1970*, Archiv für Zeitgeschichte der ETH Zürich.

183 Ebd.

184 Die folgende Schilderung stützt sich wesentlich auf Fankhauser, Peter: »*Hört auf, die Erde zu ermorden!*«. *Valentin Oehen, 1970–1980. Ein Beitrag zur biographischen Geschichtsschreibung*, Bern: Lizenziatsarbeit Universität Bern 1995, S. 42–71.

185 Zitat nach ebd., S. 49.

186 Drews: »*Schweizer erwache!*«, S. 179–256 beschreibt die Ideologie James Schwarzenbachs, der die NA wesentlich prägte – das erste Kapitel widmet sich der Überfremdung.

187 Ecopop-Archiv: *Postkarte Valentin Oehen an Anne-Marie Rey vom 25.5.1979*, Archiv für Zeitgeschichte der ETH Zürich, führt als Grund nicht etwa Auseinandersetzungen über die Ausrichtung von Ecopop, sondern die Enttäuschung über verlorene Abstimmungen und Wahlen an: »10 Jahre lang habe ich so viel für unser Volk, gegen die Fehlentwicklungen geopfert, dass es mir ganz einfach reicht. Wenn man, vom Stimmbürger im Stich gelassen, von Kampfgenossen als Spinner abqualifiziert und von der Journaille dauernd zerrissen, noch immer gleich weitermachen würde, müsste man tatsächlich eine Schraube locker haben. Ich denke, wir verstehen uns.« Die NA hatte 1974 und 1977 ihre Initiativen gegen Überfremdung bzw. zur Beschränkung der Einbürgerungen verloren.

188 Beispielsweise Ecopop-Archiv: *Brief von Z. M. an Anne-Marie Rey*, Archiv für Zeitgeschichte der ETH Zürich.

189 Ecopop-Archiv: *Inserat »Für wirksamen Umweltschutz«*, Archiv für Zeitgeschichte der ETH Zürich.

190 Ecopop-Archiv: *Jahresbericht 1971/1972 des Präsidenten*, Archiv für Zeitgeschichte der ETH Zürich.

191 Vgl. Ecopop-Archiv: *Liste Unterzeichnete »Für wirksamen Umweltschutz«*, Archiv für Zeitgeschichte der ETH Zürich. Jean Ziegler konnte sich auf unsere Anfrage hin nicht mehr an die Unterzeichnung und die damalige Debatte erinnern.

192 Ecopop-Archiv: *Jahresbericht 1979 des Präsidenten*, Archiv für Zeitgeschichte der ETH Zürich.

193 Wehrli, Christoph: »Wer hinter Ecopop steht: Demografie und Umweltschutz«, *Neue Zürcher Zeitung* (10.3.2014).

194 2010 hatte die Anzahl zahlender Mitglieder auf knapp 600 abgenommen gemäß Ecopop: »Jahresbericht 2010«, www.ecopop.ch/joomla/index.php/de/vereins nachrichten-de/jahresberichte-de [abgerufen am 5.4.2014].

195 Ecopop: »Jahresbericht 2012«, www.ecopop.ch/joomla/index.php/de/vereins nachrichten-de/jahresberichte-de [abgerufen am 5.4.2014].

196 Wehrli, Christoph: »Franz Weber für Ecopop-Initiative: Zuwanderung und Landschaft«, *Neue Zürcher Zeitung* (8.8.2012). Das *Journal Franz Weber* hat eine Auflage von 100 000 Exemplaren.

197 Feuz, Patrick: »Franz Weber sagt Ecopop ab«, *Tages-Anzeiger* (31.8.2013), www. tagesanzeiger.ch/schweiz/standard/Franz-Weber-sagt-Ecopop-ab/story/29534047 [abgerufen am 4.5.2014].

198 Schweizer Demokraten: »SD für ECOPOP Überbevölkerungsinitiative« (8.2012), www.schweizer-demokraten.ch/dossiers/stabilisierung/votum150111.shtml.

199 Gautier, Dinu: »Begeisterte Wölfe im grünen Pelz«, *WOZ* (15.11.2012), https://www. woz.ch/1246/ecopop/begeisterte-woelfe-im-gruenen-pelz.

200 Ecopop: »Mutloser Nationalrat verpasst Chance zur Steuerung des Bevölkerungswachstums«, Medienmitteilung Ecopop (20.6.2013), http://ecopop.ch/joomla/ images/Medienmitteilungen/130620%20MM%20Ecopop%20zur%20Ablehnung%20 SVP-Masseneinwanderungsinitiative%20durch%20NR.pdf [abgerufen am 5.4.2014]; Ecopop: »Nun muss das Volk die Zügel in die Hand nehmen: Mutlose Ständeräte verpassen Chance zur Steuerung des Bevölkerungswachstums«, Medienmitteilung Ecopop (19.9.2013), http://ecopop.ch/joomla/images/Medienmit teilungen/svpinit_staenderat.pdf [abgerufen am 5.4.2014].

201 Ecopop: »Stimmvolk respektieren: Jetzt erst recht ECOPOP-Initiative vor das Volk!«, Medienmitteilung Ecopop (9.2.2014), http://ecopop.ch/joomla/images/

Medienmitteilungen/140209_MM_ECOPOP_svp_abstimmung.pdf [abgerufen am 5.4.2014].

202 Bookchin, Murray: »Social Ecology versus Deep Ecology: A Challenge for the Ecology Movement«, *Green Perspectives*, 4–5 (1987). Übers. d. A.

203 Geden: *Rechte Ökologie*, S. 9.

204 Ebd., S. 46–82.

205 Weitere Anregungen entnahmen wir oekom e. V. (Hrsg.): *Ökologie von rechts. Braune Umweltschützer auf Stimmenfang*, Bd. 131, München: oekom 2012 (Politische Ökologie); Schulze, Annett und Thorsten Schäfer: *Zur Re-Biologisierung der Gesellschaft. Menschenfeindliche Konstruktionen im Ökologischen und im Sozialen*, Aschaffenburg: Alibri 2012; Nüchter, Oliver: *Konzepte rechter Ökologie – am Beispiel der Debatte über die Überbevölkerung*, München: Grin 1998; Ditfurth, Jutta: *Entspannt in die Barbarei. Esoterik, (Öko-)Faschismus und Biozentrismus*, Hamburg: Konkret Literatur 1996; Jahn, Thomas und Peter Wehling: *Ökologie von rechts. Nationalismus und Umweltschutz bei der Neuen Rechten und den »Republikanern«*, Frankfurt am Main, New York: Campus 1991; Bierl: *Grüne Braune*; Geulen, Christian: *Geschichte des Rassismus*, München: C. H. Beck 2007 (Wissen 2424).

206 Laurent, Eloi: *Demokratisch, gerecht, nachhaltig. Die Perspektive der Sozial-Ökologie*, Zürich: Rotpunktverlag 2012, S. 11 erwähnt dieses konkrete Beispiel mit Verweis auf den Entomologen und Forstwissenschaftler Karl Escherich. Dieser frühe Weggefährte Adolf Hitlers sah im Termitenstaat das Organisationsmodell für die Gesellschaft im Nationalsozialismus.

207 Werner Georg Haverbeck, zitiert nach Jahn/Wehling: *Ökologie von rechts*, S. 39, Fußnote 152.

208 Für eine fulminante Kritik des Bioregionalismus und seiner esoterischen Vertreter siehe Ditfurth: *Entspannt in die Barbarei*, S. 134–145.

209 Knapp, Udo: »Grüne Festung Europa«, *Natur*, 2 (1992), S. 44–48.

210 Zitiert nach Geden: *Rechte Ökologie*, S. 80.

211 Grassegger, Hannes: »Ecopop – eine zu einfache Formel?«, *Magazin Greenpeace*, 3 (2011), S. 51–53.

212 Bookchin: »*Social Ecology versus Deep Ecology: A Challenge for the Ecology Movement*«. Übers. d. A.

213 Lipietz, Alain: »Questions sur les biens communs«, *Esprit*, Januar (2010), S. 146–151, hier S. 146.

214 Jackson, Tim: *Wohlstand ohne Wachstum. Leben und Wirtschaften in einer endlichen Welt*, 2. Aufl., München: oekom 2011 [engl. *Prosperity without Growth. Economics for a Finite Planet*, 2009], S. 28; Hänggi, Marcel: *Ausgepowert. Das Ende des Ölzeitalters als Chance*, Zürich: Rotpunktverlag 2011, S. 26. Hänggi weist allerdings treffend darauf hin, dass ein Teil dieses BIP-Wachstums auch auf die Verschiebung aus der informellen in die formelle Wirtschaft zurückzuführen ist.

215 Zur Peak-Oil-Debatte Hänggi: *Ausgepowert*, S. 195–199.

216 Pachauri, Rajendra K. und Intergovernmental Panel on Climate Change: *Climate change 2007: Synthesis report: a report of the Intergovernmental Panel on Climate Change*, Geneva: IPCC, WMO 2008.

217 Gerster, Richard: *Globalisierung und Gerechtigkeit*, Bern: h.e.p. 2001, S. 42f. nimmt dabei nicht auf die äußersten Extreme Bezug, sondern vergleicht die Einkommen der ärmsten mit jenen der reichsten 20 Prozent der Weltbevölkerung. Dieses Ver-

hältnis hat sich gemäß UNO-Entwicklungsprogramm (UNDP) von 1:30 im Jahre 1960 auf 1:80 zum Jahrtausendwechsel entwickelt.

218 Laurent: *Demokratisch, gerecht, nachhaltig*, S. 149.

219 Weizsäcker, Ernst Ulrich von, Amory B. Lovins und L. Hunter Lovins: *Faktor vier: Doppelter Wohlstand – halbierter Verbrauch. Der neue Bericht an den Club of Rome*, München: Droemer Knaur 1997.

220 Jackson: *Wohlstand ohne Wachstum*, S. 82ff.

221 Siehe dazu auch die Überlegungen zu ökologischer Gleichheit als neuem Menschenrecht im Sinne tatsächlich egalitärer Nutzungsrechte in Thie, Hans: »Ökologische Gleichheit. Warum grün zu sein heute links sein bedeutet«, *Blätter für deutsche und internationale Politik*, 10 (2013).

222 Hänggi: *Ausgepowert*, S. 32–34 diskutiert die Frage, inwieweit die Industrialisierung ohne Kohle, Erdöl und Erdgas möglich gewesen wäre, und kommt zum Schluss, dass sie jedenfalls ein ganz anderes Gesicht gehabt hätte.

223 Lipietz: »Questions sur les biens communs«.

224 Cowles, Fleur: *If I were an animal*, New York: Morrow 1987, S. 5. Übers. d. A.

225 Geden: *Rechte Ökologie*, S. 75–78.

226 Enzensberger, Hans Magnus: »Zur Kritik der politischen Ökonomie«, in: ders. und Karl Markus Michel (Hrsg.), *Ökologie und Politik oder Die Zukunft der Industrialisierung*, S. 1–42, hier S. 18.

227 Friends of the Earth Europe, Sustainable Europe Research Institute (SERI) und Global 2000 (Hrsg.): *Overconsumption? Our use of the world's natural resources*, 2009, S. 3.

228 Müller, Geri: »Fazit der Tagung«, in: *Energiekrise als Chance*, Zürich: Eigenverlag SES 2011, S. 102–106, hier S. 103.

229 Siehe dazu die Klassiker Illich, Ivan: *Selbstbegrenzung. Eine politische Kritik der Technik*, München: C. H. Beck 1998 [engl. *Tools for Conviviality*, 1973]; Schumacher: *Small is beautiful*. Eine andere interessante Perspektive eröffnet Kogge, Werner: »Das Maß der Technik: Lebenswelt als Kriterium technischer Angemessenheit«, in: Heike Franz u. a. (Hrsg.), *Wissensgesellschaft: Transformationen im Verhältnis von Wissenschaft und Alltag*, Bd. 25, Institut für Wissenschafts- und Technikforschung 2001 (IWT Paper), S. 224–244 der die Angemessenheit der Technik nicht mehr in Bezug auf die Unterscheidung selbst-/fremdbestimmt bewertet, sondern vorschlägt, Technik als angemessen zu bezeichnen, welche die Zugänglichkeit zu Erfahrungsmöglichkeiten erweitert und es so dem Menschen als »self interpreting animal« (Charles Taylor) erlaubt, sich besser in seiner selbst erbauten kulturellen Welt zurechtzufinden.

230 Adler, Frank und Schachtschneider, Ulrich: *Green New Deal, Suffizienz oder Ökosozialismus? Konzepte für gesellschaftliche Wege aus der Ökokrise*, München: oekom 2010.

231 P. M. Online: »Energie aus Zucht-Algen«, www.pm-magazin.de/a/energie-aus-zucht-algen [abgerufen am 5.5.2014].

232 Ein erster an der Urne allerdings gescheiterter Versuch: Grüne Schweiz: »Eidgenössische Volksinitiative ›Für eine gesicherte AHV – Energie statt Arbeit besteuern!‹«, www.admin.ch/ch/d/pore/vi/vis251.html [abgerufen am 3.1.2014].

233 Grüne Schweiz: »Eidgenössische Volksinitiative ›Für eine nachhaltige und ressourceneffiziente Wirtschaft (Grüne Wirtschaft)‹«, www.admin.ch/ch/d/pore/vi/vis402.html [abgerufen am 20.4.2014].

234 Siehe dazu das Kapitel 5.3.4.3 Carbon-intensity, the energy mix, and resource availability in IPCC: »Climate Change 2014: Mitigation of Climate Change«, https://www.ipcc.ch/report/ar5/wg3/ [abgerufen am 5.3.2014].

235 WWF Schweiz: »IPCC-Bericht: Riesige Herausforderung für die Welt, bewährte Lösungen für die Schweiz« (13.4.2014), www.wwf.ch/de/aktuell/medien/?uNewsID=1816 [abgerufen am 3.5.2014].

236 Zukunft statt Kohle, Verein: »Zukunft statt Kohle«, www.zukunftstattkohle.ch/ [abgerufen am 26.4.2014].

237 Jackson: *Wohlstand ohne Wachstum*, S. 122 f. stützt sich bei diesen Analysen auf den HSBC Report »A climate for Recovery – the Colour of Stimulus Goes Green«.

238 Porter, Michael E. und Claas van der Linde: »Green and Competitive: Ending the Stalemate«, *Harvard Business Review*, Sept.–Okt. (1995).

239 Rifkin, Jeremy: *Access: Das Verschwinden des Eigentums. Warum wir weniger besitzen und mehr ausgeben werden*, Frankfurt am Main: Campus 2007 [engl. *The Age of Access*, 2000] entwirft eine ganze Vision vom Verschwinden des Privateigentums – im Sinne des materiellen physischen Besitzes – zugunsten des gesicherten Zugangs zu Nutzungsmöglichkeiten.

240 UN-REDD: »United Nations collaborative initiative on Reducing Emissions from Deforestation and forest Degradation (REDD) in developing countries«, http://un-redd.org/ [abgerufen am 25.4.2014].

241 Jackson: *Wohlstand ohne Wachstum*, S. 80.

242 Glättli, Balthasar: »Energiewende – oder technokratische Politik? Die Grünen in der Schweiz stehen vor strategischen Entscheidungen«, *Widerspruch 54* (2008), S. 93–104, hier S. 99.

243 Sennett, Richard: *Handwerk*, Berlin 2008 [engl. *The Craftsman*, 2008].

244 Jackson: *Wohlstand ohne Wachstum*, S. 140.

245 Ebd.

246 Shiva: *Leben ohne Erdöl*, S. 195.

247 Ebd., S. 11.

248 Paech, Niko: *Befreiung vom Überfluss. Auf dem Weg in die Postwachstumsökonomie*, München: oekom 2012, S. 113–152 skizziert die Umrisse einer solchen Postwachstumsökonomie präziser.

249 Coote, Anna, Jane Franklin und Andrew Simms: *21 hours: Why a shorter working week can help us all to flourish in the 21st century*, London: New Economics Foundation 2010.

250 Crouch, Colin: *Das befremdliche Überleben des Neoliberalismus*, Berlin: Suhrkamp 2011 [engl. *The Strange Non-death of Neo-liberalism*, 2011].

251 Johnson, Simon: »The Quiet Coup«, *The Atlantic*, Mai (2009).

252 Crouch, Colin: *Postdemokratie*, Frankfurt am Main: Suhrkamp 2008 [engl. *Postdemocracy*, 2004].

Bibliografie

Abbey, Edward: »Immigration and Liberal Taboos«, http://compassrosebooks.blogspot.ch/2009/10/edward-abbey-on-immigration.html [abgerufen am 30.4.2014].

Adler, Frank und Ulrich Schachtschneider: *Green New Deal, Suffizienz oder Ökosozialismus? Konzepte für gesellschaftliche Wege aus der Ökokrise*, München: oekom 2010.

Aiken, William: »Lifeboat Ethics?«, *BioScience*, 29/6 (1979), S. 336.

Albrecht, Stephan und Albert Engel (Hrsg.): *Weltagrarbericht: Synthesebericht*, Hamburg: Hamburg University Press 2009.

Autorinnenkollektiv Bevölkerungspolitik: »Das Schweigen nach Kairo. Institutionalisierte Bevölkerungspolitik«, *iz3w* 297 (2006).

Bardi, Ugo und Eva Leipprand: *Der geplünderte Planet. Die Zukunft des Menschen im Zeitalter schwindender Ressourcen*, München: oekom 2013.

Barnett, Larry D.: »Zero Population Growth, Inc.«, *BioScience*, 21/14 (1971), S. 759–765.

Bendix, Daniel und Susanne Schultz: »Implantierte Verhütung«, www.gen-ethisches-netzwerk.de/gid/217/susanne/implantierte-verh%C3%BCtung [abgerufen am 22.2.2014].

Bierl, Peter: *Grüne Braune. Umwelt-, Tier- und Heimatschutz von Rechts*, Münster: Unrast 2014.

Birg, Herwig: *Der Konflikt zwischen Spaceship Ethics und Lifeboat Ethics und die Verantwortung der Bevölkerungstheorie für die Humanökologie*, Bd. 40, 1991 (Dokumentationen, Informationen, Meinungen).

Birg, Herwig: *Die Weltbevölkerung. Dynamik und Gefahren*, München: C.H. Beck 1996.

Bledsoe, Caroline: »The Politics of Children: Fosterage and the Social Management of Fertility Among the Mende of Sierra Leone«, in: Handwerker, W. Penn (Hrsg.): *Births and Power: The Politics of Reproduction*, Colorado: Westview 1990, S. 81–100.

Bookchin, Murray: »Social Ecology versus Deep Ecology: A Challenge for the Ecology Movement«, *Green Perspectives*, 4–5 (1987).

Boulding, Kenneth E.: »The Economics of the Coming Spaceship Earth«, in: Henry Jarrett (Hrsg.): *Environmental Quality in a Growing Economy*, Baltimore: Johns Hopkins University Press 1971 [1966] (Resources for the Future), S. 3–14.

Brand, Ulrich: »Wachstum und Herrschaft«, *Aus Politik und Zeitgeschichte*, 27–28 (2012), S. 8–14.

Brown, Lester R., Gary Gardner und Brian Halweil: *Wie viel ist zu viel? 19 Dimensionen der Bevölkerungsentwicklung*, Stuttgart: Hampp 2000.

Bundesamt für Statistik: »Zusammengefasste Geburtenziffer«, 01 Bevölkerung > Bevölkerungsbewegung > Indikatoren > Geburten und Fruchtbarkeit, www.bfs.admin.ch/bfs/portal/de/index/themen/01/06/blank/key/02/05.html [abgerufen am 9.1.2014].

Bundesrat: *Botschaft zur Volksinitiative »Stopp der Überbevölkerung – zur Sicherung der natürlichen Lebensgrundlagen«* 2013.

Burke, B. Meredith: »Immigration has direct effect on environment«, *The Seattle Times* (15.6.2000).

Carson, Rachel: *Der stumme Frühling*, München: C. H. Beck 1987 [engl. *Silent spring*, 1962].

Chandrasekhar, Subrahmanyan: *Population and Planned Parenthood in India*, 2. Aufl., London: Allen & Unwin 1961.

Chase, Allan: *The legacy of Malthus: The social costs of the new scientific racism*, Urbana: University of Illinois Press 1980.

Commoner, Barry: »How Poverty Breeds Overpopulation (and not the other way around)«, *Rampart*, 13/10 (1975), S. 21–25, 58 f.

Connelly, Matthew: »Seeing beyond the State: The Population Control Movement and the Problem of Sovereignty«, *Past & Present*, 193 (2006), S. 197–233.

Connelly, Matthew: *Fatal misconception: The struggle to control world population*, Cambridge MA: Belknap Press of Harvard University Press 2008.

Coote, Anna, Jane Franklin und Andrew Simms: *21 hours: Why a shorter working week can help us all to flourish in the 21st century*, London: New Economics Foundation 2010.

Cowles, Fleur: *If I were an animal*, New York: Morrow 1987.

Crouch, Colin: *Postdemokratie*, Frankfurt am Main: Suhrkamp 2008 [engl. *Post-democracy*, 2004].

Crouch, Colin: *Das befremdliche Überleben des Neoliberalismus*, Berlin: Suhrkamp 2011 [engl. *The Strange Non-death of Neo-liberalism*, 2011].

Deparle, Jason: »The Anti-Immigration Crusader«, *The New York Times* (17.4.2011).

DESA: *LDC Information. The Criteria for Identifying Least Developed Countries. Overview*, New York: United Nations Department of Economic and Social Affairs 2013.

DESA: *World Population Prospects, the 2012 Revision. Excel Tables, Fertility Data*, New York: United Nations Department of Economic and Social Affairs 2013.

DESA: *World Population Prospects, the 2012 Revision. Key Findings and Advance Tables* 2013.

Deutsch Türkische Nachrichten: »Russland will mit türkischer Familienpolitik gleichziehen: Putin wiederholt Erdoğans Forderung nach 3 Kindern« (12.12.2012), www.deutsch-tuerkische-nachrichten.de/2012/12/464437/russland-will-mit-tuerkischer-familienpolitik-gleichziehen-putin-wiederholt-erdogans-forderung-nach-3-kindern/ [abgerufen am 9.6.2013].

Deutsche Stiftung Weltbevölkerung: *Divergenz der Trends. Neue demographische Herausforderungen. DSW Symposium 2001*, Hannover: DSW 2001.

Deutsche Stiftung Weltbevölkerung: *Datenreport 2012. Soziale und demografische Daten weltweit*, Hannover: DSW 2012.

Deutsche Stiftung Weltbevölkerung: »Länderdatenbank« (2014), www.weltbevoelkerung.de/laenderdatenbank.html [abgerufen am 13.2.2014].

DEZA: *Die Schweiz und der Bevölkerungsfonds der Vereinten Nationen (UNFPA)*, Bern: Direktion für Entwicklung und Zusammenarbeit 2013.

Ditfurth, Jutta: *Entspannt in die Barbarei. Esoterik, (Öko-)Faschismus und Biozentrismus*, Hamburg: Konkret Literatur 1996.

Dok, Geert van: *Perspektiven für Afrikas junge Bevölkerung? Zur demografischen Entwicklung in Afrika*, Luzern: Caritas Schweiz 2013 (Mediendienst 9).

Dok, Geert van und Marianne Hochueli: *Bevölkerungspolitik auf Irrwegen. Caritas zur Initiative »Stopp der Überbevölkerung« von Ecopop*, Luzern: Caritas Schweiz 2013.

Drews, Isabel: »*Schweizer erwache!*«. *Der Rechtspopulist James Schwarzenbach (1967–1978),* Frauenfeld: Huber 2005 (Studien zur Zeitgeschichte, Bd. 7).

Drèze, Jean und Amartya Sen: *India: Develoment and Participation,* Delhi: Oxford University Press 2002.

Ecopop: *Eine ökologisch orientierte Bevölkerungspolitik,* Wädenswil: Ecopop 2006.

Ecopop: »Mutloser Nationalrat verpasst Chance zur Steuerung des Bevölkerungswachstums«, Medienmitteilung Ecopop (20.6.2013), http://ecopop.ch/joomla/images/ Medienmitteilungen/130620%20MM%20Ecopop%20zur%20Ablehnung%20SVP-Masseneinwanderungsinitiative%20durch%20NR.pdf [abgerufen am 5.4.2014].

Ecopop: »Nun muss das Volk die Zügel in die Hand nehmen: Mutlose Ständeräte verpassen Chance zur Steuerung des Bevölkerungswachstums«, Medienmitteilung Ecopop (19.9.2013), http://ecopop.ch/joomla/images/Medienmitteilungen/svpinit_staenderat. pdf [abgerufen am 5.4.2014].

Ecopop: »Stopp dem umweltbedrohenden Bevölkerungswachstum!« (7.10.2013), www. ecopop.ch/joomla15/index.php?option=com_content&view=article&id=62&Itemid=11 1&lang=de [abgerufen am 9.10.2013].

Ecopop: »Stimmvolk respektieren: Jetzt erst recht ECOPOP-Initiative vor das Volk!«, Medienmitteilung Ecopop (2.9.2014), http://ecopop.ch/joomla/images/Medienmit teilungen/140209_MM_ECOPOP_svp_abstimmung.pdf [abgerufen am 5.4.2014].

Ecopop: »Eidgenössische Volksinitiative ›Stopp der Überbevölkerung – zur Sicherung der natürlichen Lebensgrundlagen‹«, www.admin.ch/ch/d/pore/vi/vis406t.html [abgerufen am 3.1.2014].

Ecopop: »Gegenargumente zur Initiative«, www.ecopop.ch/joomla/index.php/de/ argumente-de [abgerufen am 6.5.2014].

Ecopop: »Jahresbericht 2010«, www.ecopop.ch/joomla/index.php/de/vereinsnachrichten-de/jahresberichte-de [abgerufen am 5.4.2014].

Ecopop: »Jahresbericht 2012«, www.ecopop.ch/joomla/index.php/de/vereinsnachrichten-de/jahresberichte-de [abgerufen am 5.4.2014].

Ecopop-Archiv: *Die Arbeitsgemeinschaft für Bevölkerungsfragen. Bisherige Tätigkeit,* Archiv für Zeitgeschichte der ETH Zürich 1971.

Ecopop-Archiv: *Brief H. Stamm an Anne-Marie Rey vom 30.5.1970,* Archiv für Zeitgeschichte der ETH Zürich.

Ecopop-Archiv: *Brief von Z. M. an Anne-Marie Rey,* Archiv für Zeitgeschichte der ETH Zürich.

Ecopop-Archiv: *Gründungssitzung vom 5. Juni 1970,* Archiv für Zeitgeschichte der ETH Zürich.

Ecopop-Archiv: *Gruppe Mensch und Umwelt. Protokoll vom 24. November 1970,* Archiv für Zeitgeschichte der ETH Zürich.

Ecopop-Archiv: *Inserat »Für wirksamen Umweltschutz«,* Archiv für Zeitgeschichte der ETH Zürich.

Ecopop-Archiv: *Jahresbericht 1971/1972 des Präsidenten,* Archiv für Zeitgeschichte der ETH Zürich.

Ecopop-Archiv: *Jahresbericht 1979 des Präsidenten,* Archiv für Zeitgeschichte der ETH Zürich.

Ecopop-Archiv: *Liste Unterzeichnete »Für wirksamen Umweltschutz«,* Archiv für Zeitgeschichte der ETH Zürich.

Ecopop-Archiv: *Postkarte Valentin Oehen an Anne-Marie Rey vom 25.5.1979,* Archiv für Zeitgeschichte der ETH Zürich.

Ecopop-Archiv: *Stellungnahme von Anne-Marie Rey. Zusammenkunft der medizinisch-biologischen Arbeitsgruppe am 25. Aug. 1970*, Archiv für Zeitgeschichte der ETH Zürich.

Ehrlich, Paul R.: *Die Bevölkerungsbombe*, Frankfurt am Main: S. Fischer 1973 [engl. *The Population Bomb*, 1968].

Ehrlich, Paul R.: *The race bomb: Skin color, prejudice, and intelligence*, New York: Quadrangle/New York Times Book 1977.

Engagement Global: »Schwerpunkt: Soziale Sicherung«, *E+Z Entwicklung und Zusammenarbeit* 11 (2013), S. 408–425.

Enzensberger, Hans Magnus: »Zur Kritik der politischen Ökonomie«, in: Enzensberger, Michel (Hrsg.): *Ökologie und Politik oder Die Zukunft der Industrialisierung*, Bd. 33, Berlin: Rotbuch 1973 (Kursbuch), S. 1–42.

Enzensberger, Hans Magnus und Karl Markus Michel (Hrsg.): *Ökologie und Politik oder Die Zukunft der Industrialisierung*, Bd. 33, Berlin: Rotbuch 1973 (Kursbuch).

Etzemüller, Thomas: *Ein ewigwährender Untergang. Der apokalyptische Bevölkerungsdiskurs im 20. Jahrhundert*, Bielefeld: transcript 2007.

Family Planning 2020: »The 2012 London Summit on Family Planning«, www.familyplanning2020.org/about-us/the-2012-london-summit-on-family-planning.

Fankhauser, Peter: *»Hört auf, die Erde zu ermorden!«. Valentin Oehen, 1970–1980. Ein Beitrag zur biographischen Geschichtsschreibung*, Bern: Lizenziatsarbeit Universität Bern 1995.

Fetz, Anita: »Den Preis bezahlen die Frauen«, in: Fetz, Koechlin, Mascarin: *Gene, Frauen und Millionen. Diskussionsbeitrag zu Gen- und Fortpflanzungstechnologien*, Zürich: Rotpunktverlag 1986, S. 9–26.

Fetz, Anita, Florianne Koechlin, Ruth Mascarin: *Gene, Frauen und Millionen. Diskussionsbeitrag zu Gen- und Fortpflanzungstechnologien*, Zürich: Rotpunktverlag 1986.

Feuz, Patrick: »Franz Weber sagt Ecopop ab«, *Tages-Anzeiger* (31.8.2013), www.tagesanzeiger.ch/schweiz/standard/Franz-Weber-sagt-Ecopop-ab/story/29534047 [abgerufen am 4.5.2014].

Firestone, Shulamith: *Frauenbefreiung und sexuelle Revolution: The dialectic of sex*, Frankfurt am Main: S. Fischer [engl. *The Dialectic of Sex: The Case for Feminist Revolution*, 1970].

Fraser, Nancy: »Feminismus, Kapitalismus und die List der Geschichte«, *Blätter für deutsche und internationale Politik* 8 (2009), S. 43–57.

Friends of the Earth Europe, Sustainable Europe Research Institute (SERI) und Global 2000 (Hrsg.): *Overconsumption? Our use of the world's natural resources*, 2009.

Galton, Francis: »Hereditary Talent and Character«, *Macmillan's Magazine*, XII/68/69 (1865), S. 157–166, 318–327.

Gautier, Dinu: »Begeisterte Wölfe im grünen Pelz«, *WOZ* (15.11.2012), www.woz.ch/1246/ecopop/begeisterte-woelfe-im-gruenen-pelz.

Geden, Oliver: *Rechte Ökologie. Umweltschutz zwischen Emanzipation und Faschismus*, Berlin: Elefanten Press 1996 (Antifa Edition).

Gerster, Richard: *Globalisierung und Gerechtigkeit*, Bern: h.e.p. 2001.

Geulen, Christian: *Geschichte des Rassismus*, München: C. H. Beck 2007 (Wissen 2424).

Glättli, Balthasar: »Energiewende – oder technokratische Politik? Die Grünen in der Schweiz stehen vor strategischen Entscheidungen«, *Widerspruch* 54 (2008), S. 93–104.

Grassegger, Hannes: »Ecopop – eine zu einfache Formel?«, *Magazin Greenpeace*, 3 (2011), S. 51–53.

Greenhalgh, Susan: »Planned Births, Unplanned Persons: Population in the Making of Chinese Modernity«, *American Ethnologist*, 2/30 (2003), S. 196–215.

Greenhalgh, Susan: »Making up China's black population«, in: Szreter, Simon, Hani Sholkamy und Arunachalam Dharmalingam (Hrsg.): *Categories and Contexts: Anthropological and Historical Studies in Critical Demography*, Oxford: Oxford University Press 2004, S. 148–172.

Greenhalgh, Susan und Edwin A. Winckler: *Governing China's Population: From Leninist to Neoliberal Biopolitics*, Stanford: Stanford University Press 2005.

Gronewold, Nathanial: »One Quarter of World's Population Lacks Electricity«, *Scientific American* (24.11.2009), www.scientificamerican.com/article/electricity-gap-developing-countries-energy-wood-charcoal/ [abgerufen am 2.5.2014].

Gruhl, Herbert: *Ein Planet wird geplündert. Die Schreckensbilanz unserer Politik*, Frankfurt am Main: S. Fischer 1975.

Grüne Schweiz: »Eidgenössische Volksinitiative ›Für eine gesicherte AHV – Energie statt Arbeit besteuern!‹«, www.admin.ch/ch/d/pore/vi/vis251.html [abgerufen am 3.1.2014].

Grüne Schweiz: »Eidgenössische Volksinitiative ›Für eine nachhaltige und ressourceneffiziente Wirtschaft (Grüne Wirtschaft)‹«, www.admin.ch/ch/d/pore/vi/vis402.html [abgerufen am 20.4.2014].

Gymnich, Marion: »Firestone, Shulamith«, *Metzler Lexikon Gender Studies Geschlechterforschung*, Stuttgart: J. B. Metzler 2002.

Haeckel, Ernst: *Natürliche Schöpfungsgeschichte. Gemeinverständliche wissenschaftliche Vorträge über die Entwickelungslehre im Allgemeinen und diejenige von Darwin, Goethe und Lamarck im Besonderen*, 4. Aufl., Berlin: Reimer 1873.

Hämmerli, Thomas: »Dichtestress: Ein helvetischer Spleen«, in: ders. (Hrsg.): *Der Zug ist voll. Die Schweiz im Dichtestress*, Zürich: Kein & Aber 2014 (Intelligent leben 6), S. 13–39.

Hänggi, Marcel: *Ausgepowert. Das Ende des Ölzeitalters als Chance*, Zürich: Rotpunktverlag 2011.

Hardin, Garrett: »The Tragedy of the Commons«, *Science*, 162/3859 (1968), S. 1243–1248.

Hardin, Garrett: »Lifeboat Ethics: the Case Against Helping the Poor«, *Psychology Today*, September (1974).

Haub, Carl: *Dynamik der Weltbevölkerung 2002*, Stuttgart: Balance 2002.

Heim, Susanne und Ulrike Schaz: »›Das Revolutionärste, was die Vereinigten Staaten je gemacht haben‹«, in: Wichterich, Christa (Hrsg.): *Menschen nach Maß. Bevölkerungspolitik in Nord und Süd*, Göttingen: Lamuv 1994, S. 129–150.

Heim, Susanne und Ulrike Schaz: *Berechnung und Beschwörung. Überbevölkerung. Kritik einer Debatte*, Berlin: Schwarze Risse/Rote Straße, 1995.

Helfrich, Silke und Heinrich-Böll-Stiftung (Hrsg.): *Commons. Für eine neue Politik jenseits von Markt und Staat*, Bielefeld: transcript 2012.

Herring, Horace: »Is Engergy Efficiency Environmentally Friendly?«, *Energy & Environment*, 11/3 (2000), S. 313–325.

High-Level Task Force for ICPD: *Politikempfehlungen für ICPD Beyond 2014. Sexuelle und reproduktive Gesundheit und Rechte für alle*, Hannover: DSW 2013.

Holden, Constance: »Ehrlich versus Commoner: An Environmental Fallout«, *Science*, 177/4045 (1972), S. 245–247.

Hunt, Nancy Rose: »Le bébé en brousse: European Women, African Birth Spacing and Colonial Intervention in Breast Feeding in the Belgian Congo«, in: Cooper, Frederick und Ann Laura Stoler (Hrsg.): *Tensions of Empire: Colonial Cultures in a Bourgeois World*, Berkeley: University of California Press 1997, S. 87–321.

Hunt, Nancy Rose: »Colonial Medical Anthropology and the Making of the Central African Infertility Belt«, in: Tilley, Helen und Robert Gordon (Hrsg.): *Ordering Africa. Anthropology, Imperialism, and the Ordering of Africa*, Manchester: Manchester University Press 2007, S. 252–284.

ICPD: »About ICPD Beyond 2014«, http://icpdbeyond2014.org/. [abgerufen am 7.5.2014]

Illich, Ivan: *Selbstbegrenzung. Eine politische Kritik der Technik*, München: C. H. Beck 1998 [engl. *Tools for Conviviality*, 1973].

IPCC: »Climate Change 2014: Mitigation of Climate Change«, https://www.ipcc.ch/report/ar5/wg3/ [abgerufen am 5.3.2014].

Jackson, Tim: *Wohlstand ohne Wachstum. Leben und Wirtschaften in einer endlichen Welt*, 2. Aufl., München: oekom 2011 [engl. *Prosperity without Growth. Economics for a Finite Planet*, 2009].

Jahn, Thomas und Peter Wehling: *Ökologie von rechts. Nationalismus und Umweltschutz bei der Neuen Rechten und den »Republikanern«*, Frankfurt am Main, New York: Campus 1991.

Johnson, Simon: »The Quiet Coup«, *The Atlantic*, Mai (2009).

Kappert, Ines: »Demografie: Eine ›Wissenschaft der Angst‹«, *die tageszeitung* (14.8.2007).

Kitziak, Tanja u. a.: »Demografisches Ungleichgewicht. Subsahara-Afrika steht dem weltweiten Bevölkerungstrend entgegen«, in: DGD (Hrsg.), *Wiederanstieg oder Stagnation der Geburtenraten? Spielräume der Fertilitätsentwicklung und Wandel der Familie*, Bd. 1, Berlin: DGD 2013 (DGD-Online-Publikation), S. 20–27.

Knapp, Udo: »Grüne Festung Europa«, *Natur*, 2 (1992), S. 44–48.

Kneubühler, Ueli: »Zuwanderung: Die Panikmacher«, *Bilanz* (25.6.2011).

Kogge, Werner: »Das Maß der Technik: Lebenswelt als Kriterium technischer Angemessenheit«, in: Keike Franz u. a. (Hrsg.), *Wissensgesellschaft. Transformationen im Verhältnis von Wissenschaft und Alltag*, Bd. 25, Institut für Wissenschafts- und Technikforschung 2001 (IWT Paper), S. 224–244.

Kortendiek, Beate: »Familienplanung«, *Metzler Lexikon Gender Studies Geschlechterforschung*, Stuttgart: J. B. Metzler 2002.

Kröhnert, Steffen u. a.: *Fünf Löwen auf dem Sprung? Wirtschaftliche und demografische Potenziale der aufstrebenden Länder Afrikas*, Berlin: Berlin-Institut für Bevölkerung und Entwicklung 2012.

Kühl, Stefan: *Die Internationale der Rassisten. Aufstieg und Niedergang der internationalen Bewegung für Eugenik und Rassenhygiene im 20. Jahrhundert*, Frankfurt am Main: Campus 1997.

Laurent, Eloi: *Demokratisch, gerecht, nachhaltig. Die Perspektive der Sozial-Ökologie*, Zürich: Rotpunktverlag 2012.

Le Bras, Hervé: *Les limites de la planète. Mythe de la nature et de la population*, Paris: Flammarion 1997.

Leggewie, Claus und Harald Welzer: *Das Ende der Welt, wie wir sie kannten. Klima, Zukunft und die Chancen der Demokratie*, Frankfurt am Main: S. Fischer Taschenbuch 2011.

Lehr, Ursula: *Alterung der Bevölkerung*, Berlin: Berlin-Institut für Bevölkerung und Entwicklung 2013 (Online-Handbuch Demografie).

Leisinger, Klaus: *Die sechste Milliarde. Weltbevölkerung und nachhaltige Entwicklung*, München: C. H. Beck 1999.

Leu, Karin: »Die Gründer des WWF« (2004), http://assets.wwf.ch/downloads/wwf_geschichte_gruender_d.pdf [abgerufen am 22.12.2013].

Lipietz, Alain: »Questions sur les biens communs«, *Esprit*, Januar (2010), S. 146-151.

Lorenz, Konrad: »Durch Domestikation verursachte Störungen arteigenen Verhaltens«, *Zeitschrift für angewandte Psychologie und Charakterkunde*, 59 (1940), S. 2-81.

Lorenz, Konrad: *Die acht Todsünden der zivilisierten Menschheit*, München: Piper 2000 [1972].

Lutton, Wayne und John Tanton: *The immigration invasion*, Monterey: American Immigration Control Foundation 1994.

Lutts, Ralph H.: »Chemical Fallout: Rachel Carson's Silent Spring, Radioactive Fallout, and the Environmental Movement«, *Environmental Review*, ER 9/3 (1985), S. 211-225.

Maiolino, Angelo: *Als die Italiener noch Tschinggen waren. Der Widerstand gegen die Schwarzenbach-Initiative*, Zürich: Rotpunktverlag 2011.

Malthus, Thomas Robert: *Das Bevölkerungsgesetz*, München: Deutscher Taschenbuch Verlag 1977 [engl. *An essay on the principle of population as it affects the future improvement of society, with remarks on the speculations of Mr. Godwin, M. Condorcet, and other writers*, 1798].

Mamdani, Mahmood: *The Myth of Population Control: Family, Caste and Class in an Indian Village*, New York, London: Monthly Review Press.

Mao Tse-tung: »Der Bankrott der idealistischen Geschichtsauffassung«, in: Mao Tse-tung (Hrsg.): *Ausgewählte Werke*, Bd. 4, Peking 1949, S. 481-490.

Marchetti, Cesare: »10 to the 12th: A check on the earth-carrying capacity for man«, *Energy*, 4/6 (1979), S. 1107-1117.

Meadows, Dennis, Donella H. Meadows und Erich Zahn: *Die Grenzen des Wachstums. Bericht des Club of Rome zur Lage der Menschheit*, München: Deutsche Verlags-Anstalt 1972 [engl. *The Limits to Growth*, 1972].

Mesner, Maria: *Geburten / Kontrolle – Reproduktionspolitik im 20. Jahrhundert*, Wien: Böhlau 2010.

Minois, Georges: *Le poids du nombre. L'obsession du surpeuplement dans l'histoire*, Paris: Perrin 2011 (Pour l'histoire).

Müller, Geri: »Fazit der Tagung«, in: *Energiekrise als Chance*, Zürich: Eigenverlag SES 2011, S. 102-106.

Niggli, Peter: *Der Streit um die Entwicklungshilfe. Mehr tun – aber das Richtige*, Zürich: Rotpunktverlag 2008.

Notestein, Frank W.: »Economic problems of population change«, *Proceedings of the Eighth International Conference of Agricultural Economists*, London: Oxford University Press 1953, S. 13-31.

Nüchter, Oliver: *Konzepte rechter Ökologie – am Beispiel der Debatte über die Überbevölkerung*, München: Grin 1998.

oekom e. V. (Hrsg.): *Ökologie von rechts. Braune Umweltschützer auf Stimmenfang*, Bd. 131, München: oekom 2012 (Politische Ökologie).

Ostrom, Elinor: *Was mehr wird, wenn wir teilen. Vom gesellschaftlichen Wert der Gemeingüter*, München: oekom 2011.

Pachauri, Rajendra K. und Intergovernmental Panel on Climate Change: *Climate change 2007: Synthesis report: A report of the Intergovernmental Panel on Climate Change*, Geneva: IPCC, WMO 2008.

Paech, Niko: *Befreiung vom Überfluss. Auf dem Weg in die Postwachstumsökonomie*, München: oekom 2012.

P.M. Online: »Energie aus Zucht-Algen«, www.pm-magazin.de/a/energie-aus-zucht-algen [abgerufen am 5.5.2014].

Population Action International: »The Economics of Birth Control« (12.11.2013), http://populationaction.org/data-and-maps/the-economics-of-birth-control/ [abgerufen am 31.1.2014].

Population Connection: »Mission Statement«, www.populationconnection.org/site/PageServer?pagename=about_goalsandmission [abgerufen am 10.7.2013].

Population Council: »Our history«, www.popcouncil.org/about/timeline [abgerufen am 25.4.2014].

Population Reference Bureau: *World Population Data Sheet 2013*, Washington DC: PRB 2013.

Porter, Michael E. und Claas van der Linde: »Green and Competitive: Ending the Stalemate«, *Harvard Business Review*, Sept.–Okt. (1995).

Portisch, Hugo: *China – Bevölkerungskontrolle. Ein Kind ist genug*, (Video/DVD), Grünwald: FWU Institut für Film und Bild 1997.

Radkau, Joachim: *Die Ära der Ökologie. Eine Weltgeschichte*, München: C. H. Beck 2011.

Randeria, Shalini: »Das Wunder Kerala – eine Erfolgsgeschichte indischer Bevölkerungspolitik?«, in: Wichterich, Christa (Hrsg.): *Menschen nach Maß. Bevölkerungspolitik in Nord und Süd*, Göttingen: Lamuv 1994, S. 239–262.

Randeria, Shalini: »Die sozio-ökonomische Einbettung reproduktiver Rechte: Frauen und Bevölkerungspolitik in Indien«, *Feministische Studien*, 1 (1995), S. 119–132.

Randeria, Shalini: »Malthus contra Condorcet: Bevölkerungspolitik, Gender und Kultur aus ethnologischer Perspektive«, *Historische Anthropologie*, 14 (2006), S. 30–48.

Randeria, Shalini: »Staatliche Interventionen, Bevölkerungskontrolle und Gender: Indien und China im Vergleich«, in: Klinger, Cornelia, Gudrun-Axeli Knapp und Birgit Sauer (Hrsg.): *Achsen der Ungleichheit. Zum Verhältnis von Klasse, Geschlecht und Ethnizität*, Frankfurt, New York: Campus 2008, S. 235–256.

Ray, Dixy Lee: *Trashing the planet: How science can help us deal with acid rain, depletion of the ozone, and nuclear waste (among other things)*, Washington DC, Lanham MD: Regnery Gateway, distributed by National Book Network 1990.

Rey, Anne-Marie: »Ein dringendes Problem: Geburtenregelung in der Schweiz«, *Der Bund* (24.3.1970).

Rey, Anne-Marie: *Die Erzengelmacherin. Das 30-jährige Ringen um die Fristenregelung. Memoiren*, Zürich: Xanthippe 2007.

Rifkin, Jeremy: *Access. Das Verschwinden des Eigentums. Warum wir weniger besitzen und mehr ausgeben werden*, Frankfurt am Main: Campus- 2007 [engl. *The Age of Access*, 2000].

Robertson, Thomas: *The Malthusian moment: Global population growth and the birth of American environmentalism*, New Brunswick: Rutgers University Press 2012 (Studies in modern science, technology, and the environment).

Rome, Adam: »›Give Earth a Chance‹: The Environmental Movement and the Sixties«, *The Journal of American History*, 90/2 (2003), S. 525–554.

Ross, Eric B.: *The Malthus factor: Poverty, politics and population in capitalist development*, London, New York: Zed Books 1998.

Samuelsohn, Darren: »Greens move to heal immigration reform rift«, *Politico* (2.6.2013), www.politico.com/story/2013/06/immigration-reform-greens-environment-92099.html [abgerufen am 2.6.2013].

Sancar, Annemarie, »Freiwillige Familienplanung – eine bevölkerungspolitische List!«, *cfd-Zeitung*, 1/14 (2014), http://www.cfd-ch.org/pdf_temp/Ecopop_Familienplanung_ASancar_cfd.pdf [abgerufen am 3.5.2014].

Sancar, Annemarie und Leena Schmitter, »Wer ist ›zu viel‹?«, *grün.*, Nr. 14 (April 2014), S. 4–5.

Schulze, Annett und Thorsten Schäfer: *Zur Re-Biologisierung der Gesellschaft. Menschenfeindliche Konstruktionen im Ökologischen und im Sozialen,* Aschaffenburg: Alibri 2012.

Schumacher, Ernst Friedrich: *Small is beautiful. Die Rückkehr zum menschlichen Maß,* München: oekom 2013 [engl. *Small is Beautiful: (A Study of) Economics as if People Mattered,* 1973].

Schwarzenbach, James: »Volksinitiative ›Überfremdung‹« (1969), www.admin.ch/ch/d/pore/vi/vis93t.html.

Schweizer Demokraten: »SD für ECOPOP Überbevölkerungsinitiative« (8.2012), www.schweizer-demokraten.ch/dossiers/stabilisierung/votum150111.shtml.

Sennett, Richard: *Handwerk,* Berlin 2008 [engl. *The Craftsman,* 2008].

Shiva, Vandana: *Leben ohne Erdöl. Eine Wirtschaft von unten gegen die Krise von oben,* Zürich: Rotpunktverlag 2009 [engl. *Soil not Oil: Environmental Justice in a Time of Climate Crisis* 2008].

Sierra Club: »Sierra Club Supports Path to Citizenship for Undocumented Immigrants« (25.4.2013), http://content.sierraclub.org/press-releases/2013/04/sierra-club-supports-path-citizenship-undocumented-immigrants [abgerufen am 30.4.2014].

Sierra Club: »Official Policy on Population« (22.8.2013), www.sierraclub.org/policy/conservation/population.pdf [abgerufen am 6.1.2014].

Sills, David L.: »The environmental movement and its critics«, *Human Ecology,* 3/1 (1975), S. 1–41.

Sippel, Lilli u. a.: *Afrikas demografische Herausforderung. Wie eine junge Bevölkerung Entwicklung ermöglichen kann,* Berlin: Berlin-Institut für Bevölkerung und Entwicklung 2011.

Southern Poverty Law Center: »John Tanton's Network«, www.splcenter.org/get-informed/intelligence-report/browse-all-issues/2002/summer/the-puppeteer/john-tantons-network [abgerufen am 30.4.2014].

Stern, Nicolas H. (Hrsg.): *The economics of climate change: The Stern review,* Cambridge, New York: Cambridge University Press 2007.

Support U.S. Population Stabilization (SUSPS): »Official Sierra Club Population Policy«, www.susps.org/history/scpolicy.html#ihist [abgerufen am 10.4.2014].

Tanton, John, Denis McCormack und Joseph Wayne Smith (Hrsg.): *Immigration and the social contract: The implosion of Western societies,* Vermont: Brookfield 1996.

Thie, Hans: »Ökologische Gleichheit. Warum grün zu sein heute links sein bedeutet«, *Blätter für deutsche und internationale Politik,* 10 (2013).

Ulrich, Ralf: »Globale Bevölkerungsdynamik«, in: Opitz, Peter J. (Hrsg.): *Weltprobleme im 21. Jahrhundert,* München: Fink 2001, S. 21–52.

UNDP: *Bericht über die menschliche Entwicklung 2009. Barrieren überwinden. Migration und menschliche Entwicklung,* Berlin: Deutsche Gesellschaft für die Vereinten Nationen e. V. 2009.

UNDP: *Bericht über die menschliche Entwicklung 2013. Der Aufstieg des Südens. Menschlicher Fortschritt in einer ungleichen Welt,* Berlin: Deutsche Gesellschaft für die Vereinten Nationen e. V. 2013.

UNEP-UNCTAD: »Organic Agriculture and Food Security« (2008), http://unctad.org/en/docs/ditcted200715_en.pdf [abgerufen am 5.4.2014].

UNFPA: *Das Recht auf Entscheidung. Familienplanung, Menschenrechte und Entwicklung. Kurzfassung des Weltbevölkerungsberichts 2012,* Hannover: DSW 2012.

UNFPA: *State of World Population 2012. By Choice, Not By Chance: Family Planning, Human Rights and Development*, New York: United Nations Population Fund 2012.

UNFPA: *Overview. ICPD – International Conference on Population and Development*, New York: United Nations Population Fund 2014.

UNICEF: *Committing to Child Survival: A Promise Renewed. Progress Report 2013*, New York: United Nations Children's Fund 2013.

United Nations: *Report of the International Conference on Population and Development, Cairo, 5–13 September 1994*, New York: POPIN 1995.

UN-REDD: »United Nations collaborative initiative on Reducing Emissions from Deforestation and forest Degradation (REDD) in developing countries«, http://un-redd.org/ [abgerufen am 25.4.2014].

UNRIC: *Altern und Entwicklung. Hintergrundinformationen,* Bonn: United Nations Regional Informatoin Centre for Western Europe 2002 (Zweite Weltversammlung zur Frage des Alterns: »Eine Gesellschaft für alle Altersgruppen schaffen«).

Vandermeer, John: »Ecological Determinism«, in: The Ann Arbor Science for the People (Organization) (Hrsg.): *Biology as a social weapon*, Minneapolis: Burgess Publishing 1977, S. 108–122.

Voss, Kathrin: *Öffentlichkeitsarbeit von Nichtregierungsorganisationen. Mittel – Ziele – Interne Strukturen,* Wiesbaden: VS Verlag für Sozialwissenschaften 2007.

Walter, Franz: »Linke Eugenik«, *Cicero Online* (17.10.2011), www.cicero.de/blog/goettinger-demokratie-forschung/2011-10-17/linke-eugenik [abgerufen am 20.12.2013].

Walter, Nik: »›Ja, ich bin Schwarzmaler, der Himmel fällt uns auf den Kopf‹«, Interview mit Paul Ehrlich, *SonntagsZeitung* (24.2.2013).

Wehrli, Christoph: »Franz Weber für Ecopop-Initiative: Zuwanderung und Landschaft«, *Neue Zürcher Zeitung* (8.8.2012).

Wehrli, Christoph: »Wer hinter Ecopop steht: Demografie und Umweltschutz«, *Neue Zürcher Zeitung* (10.3.2014).

Weizsäcker, Ernst Ulrich von, Amory B. Lovins und L. Hunter Lovins: *Faktor vier. Doppelter Wohlstand – halbierter Verbrauch. Der neue Bericht an den Club of Rome,* München: Droemer Knaur 1997.

Wilkinson, Richard G. und Kate Pickett: *Gleichheit ist Glück. Warum gerechte Gesellschaften für alle besser sind,* Hamburg: Tolkemitt-Verlag bei Zweitausendeins 2009 [engl. *The sprit level. Why more equal societies almost always do better,* 2009].

WWF Schweiz: »IPCC-Bericht: Riesige Herausforderung für die Welt, bewährte Lösungen für die Schweiz« (13.4.2014), www.wwf.ch/de/aktuell/medien/?uNewsID=1816 [abgerufen am 3.5.2014].

Zeugin, Bettina und Geert van Dok: »Brain Migration – Entwicklungspotenzial für arme Länder?«, in: *Migration – ein Beitrag zur Entwicklung?,* Zürich: Seismo 2007, S. 71–103.

Zukunft statt Kohle, Verein: »Zukunft statt Kohle«, www.zukunftstattkohle.ch/ [abgerufen am 26.4.2014].

Weiterführende Literatur

Viele große Themenfelder konnten im Rahmen dieses Buches nur am Rand angesprochen werden. Deshalb verweisen wir hier auf einige weiterführende Bücher, die wir zur Lektüre empfehlen.

Bevölkerungspolitik

Eine kluge Auseinandersetzung mit der Tendenz der Bevölkerungspolitiker zu Katastrophenszenarien bietet Thomas Etzemüllers Buch *Ein ewigwährender Untergang*, das sich im Übrigen nur in kleinen Abschnitten mit den Neomalthusianern befasst und sich hauptsächlich ihren Gegenspielern, den Pronatalisten, widmet. Etzemüller beschreibt die Demografie als Wissenschaft der Angst und illustriert mit eindrücklichen Beispielen, wie sehr sie auch eine »zutiefst moralische Schule des Sehens« ist: »Denn die Demografie repräsentiert – und dies über die Epochen hinweg – im Wesentlichen eine bürgerlich-akademische Schicht, die ›ihren Lebensraum und ihre Lebensweise‹ bedroht sieht und ihre Interessen in der Rede von einer unnatürlichen Entwicklung naturalisiert.«

Eine vertiefte kritische Auseinandersetzung mit dem Einfluss des Malthusianismus bietet Eric B. Ross in *The Malthus Factor*. Im leider nur auf englisch greifbaren Werk zeichnet er auf, wie sehr malthusianische Ideen bis heute herbeigezogen werden, wenn es darum geht, das kapitalistische Verständnis von Ökonomie gegen die Forderungen für eine Besserstellung der Ärmsten zu verteidigen.

Wachstumskritik, Gerechtigkeit, Suffizienz

Tim Jacksons Buch *Wohlstand ohne Wachstum* legt leicht lesbar die Grundlagen einer Postwachstumsökonomie vor. Jackson legt dar, dass für die hoch entwickelten Volkswirtschaften Wohlstand ohne Wachstum keine Utopie, sondern vielmehr eine ökologische Notwendigkeit ist, dass es dazu aber nicht bloß Änderungen im Wirtschaftsmodell, sondern auch eine neue gesellschaftliche Logik mit weniger Konsumismus und einer anderen Zeitökonomie braucht. Dem Thema »Wohlstand ohne Wachstum« widmet sich auch eine Nummer der Zeitschrift *Aus Politik und Zeitgeschichte;* für einen ersten Überblick über die verschiedenen Stränge einer starken Wachstumskritik, welche auch dem »qualitativen Wachstum« und dem »Green New Deal« kritisch gegenübersteht, ist der Essay von Ulrich Brand zu Wachstum und Herrschaft zu empfehlen.

Einblick in die Thesen eines der bekanntesten deutschsprachigen Verfechter der Suffizienz gibt Niko Paechs Buch *Befreiung vom Überfluss. Auf dem Weg in die Postwachstumsökonomie.*

Eloi Laurent legt mit *Demokratisch, gerecht, nachhaltig* aus französischer Sicht eine ähnliche These vor wie Claus Leggewie und Harald Welzer in *Das Ende der Welt, wie wir sie kannten*: Für die Überwindung des Fetischs Wirtschaftswachstum braucht es eine Erneuerung und Belebung der Demokratie von unten – und sie wird nur erfolgreich sein, wenn wir gleichzeitig den Kampf für mehr Gerechtigkeit führen. Dass ab einem bestimmten wirtschaftlichen Entwicklungsniveau nicht länger mehr materieller Wohlstand, sondern mehr Gleichheit innerhalb einer Gesellschaft die Menschen zufriedener macht, belegen die Epidemiologen Richard Wilkinson und Kate Pickett mit einer breiten Sammlung statistischer Daten in *Gleichheit ist Glück* und plädieren vor diesem Hintergrund auch für mehr Gleichheit als Voraussetzung für die Überwindung des Konsumismus.

Eine Fülle von Beiträgen mit wertvollen Anregungen zum Thema Gemeingüter liefert der von der Heinrich-Böll-Stiftung herausgegebene Sammelband *Commons. Für eine neue Politik jenseits von Markt und Staat*.

Ökologie von rechts

Während Oliver Gedens Buch *Rechte Ökologie,* das vertieft rechte Wurzeln in der deutschen Ökologiebewegung aufarbeitet, nur noch antiquarisch greifbar ist, ist die Schwerpunktnummer »Ökologie von rechts« der Zeitschrift *politische ökologie* noch erhältlich. Beide fokussieren allerdings stark auf die Situation und Geschichte Deutschlands. Dies gilt auch für die engagierten Streitschriften von Jutta Ditfurth. Leicht lesbar ist beispielsweise die Kampfansage an »verbürgerlichte« Grüne und die Esoterikbewegung in *Entspannt in die Barbarei. Esoterik, (Öko-)Faschismus und Biozentrismus*.

Eine umfangreichere kommentierte Liste mit Links findet sich auf der Website zum Buch: www.unheimliche-oekologen.ch.

Personenregister

Abbey, Edward 101
Acheson, Dean 69
Adler, Frank 128
Aiken, William 102
Bledsoe, Caroline 82
Bookchin, Murray 117, 121
Boulding, Kenneth 24
Bowers, Richard 99
Brower, David 32
Carsons, Rachel 23
Commoner, Barry 141
Condorcet, Marquis de 26, 85
Connelly, Matthew 42, 77
Crouch, Colin 137
Darwin, Charles 29
Deng, Xiaoping 80
Dünki, Max 113
Ehrlich, Paul 15, 21, 28, 32, 34–39, 44–50, 100, 101, 141, 148
Enzensberger, Hans Magnus 127
Etzemüller, Thomas 41, 165
Fetz, Anita 93, 94
Firestone, Shulamith 93, 94
Fischer, Joschka 105
Fraser, Nancy 94
Friedrich, Rudolf 113
Galton, Francis 29, 30
Geden, Oliver 104, 117, 118, 166
Ginsburg, Theo 113, 114
Godwin, William 26, 27
Greenhalgh, Susan 79
Grobet, Christian 113
Gruhl, Herbert 10, 104–106, 127

Haeckel, Ernst 104
Hardin, Garrett 101, 102
Heim, Susanne 71
Holdren, John 44, 47–50
Hunt, Nancy Rose 85
Huxley, Aldous 33
Huxley, Julian Sorell 33
Jackson, Tim 134, 135, 165
Johnson, Simon 137
King, Alexander 33
Knapp, Udo 121
Kneschaurek, Francesco 107
Küng, Willy 113
Le Bras, Hervé 99, 103
Leuenberger, Moritz 113
Liepitz, Alain 126
Lorenz, Konrad 104, 105, 109
Malthus, Thomas Robert 21, 25–28, 34–39, 42, 48, 71, 75–77, 85, 123
Mao, Tse-tung 69
Marchetti, Cesare 45
Marx, Karl 76
Naess, Arne 121
Notestein, Frank W. 31, 42, 81, 146
Oehen, Valentin 10, 96, 109–112
Osborn, Frederick 42
Osborn, Henry Fairfield 31
Peccei, Aurelio 33
Philip, HRH Prince 127
Pritchett, Lant 83
Putin, Wladimir 14
Radkau, Joachim 22
Remington, Charles 99

Sachregister

Rey, Anne-Marie 108–110, 147, 150
Rockefeller III, John D. 42
Rockefeller sen. John D. 42
Roosevelt, Theodore 13
Sarrazin, Thilo 97
Schachtschneider, Ulrich 128
Schaz, Ulrike 71
Schlüer, Ulrich 115
Schultz, Susanne 95
Schwarzenbach, James 108, 115
Sennett, Richard 135
Shiva, Vandana 16, 17, 135
Springmann, Baldur 106
Stamm, H. 110
Steffen, Hans 113
Tanton, John 100
Temple, Richard 86
Tschumi, Pierre-André 108, 111
Turgenjew, Iwan 75
Weber, Franz 114
Whelpton, Pascal 31
Ziegler, Jean 113, 151

Aktion Gesunde Schweiz 112
American Birth Control League (ABCL) 30, 150
American Eugenics Society (AES) 31, 33
Bayer HealthCare 73
Berlin-Institut für Bevölkerung und Entwicklung 55, 144
Bill & Melinda Gates Foundation 43, 72, 76
Christlich Demokratische Union Deutschlands (CDU) 105
Christlichdemokratische Volkspartei (CVP) 69, 113
Club of Rome 24, 25, 33, 48
Department for International Development (DFID) 72
Department of Economic and Social Affairs (DESA) 54, 59, 61, 63–65, 143
Direktion für Entwicklung und Zusammenarbeit (DEZA) 57
Ecopop 9, 10, 14–20, 28, 43, 45, 46, 51, 54, 83, 87, 88, 90–92, 96, 97, 107, 108, 112–115, 137, 138
Eidgenössische Technische Hochschule Zürich (ETH) 96
Evangelische Volkspartei (EVP) 113
Federation for American Immigration Reform (FAIR) 100
Ford-Stiftung 71
Freisinnig-Demokratische Partei (FDP) 113
Friends of the Earth (FoE) 32
Glencore 133
Grüne Aktion Zukunft (GAZ) 105
Grüne Partei der Schweiz (GPS) 10, 130, 153, 166

Internationaler Währungsfonds (IWF) 53, 71, 137
International Planned Parenthood Federation (IPPF) 57, 71
Liga für die Protektion des schwarzen Kindes 85
Nationaldemokratische Partei Deutschlands (NPD) 104, 106
Nationale Aktion gegen die Überfremdung von Volk und Heimat (NA) 96, 108, 110–115, 150
Ökologisch-Demokratische Partei (ÖDP) 106
Organisation für die Sache der Frau (OFRA) 93
Organisation für wirtschaftliche Zusammenarbeit und Entwicklung (OECD) 33
Planned Parenthood Federation of America (PPFA) 30, 150
Population Action International (PAI) 76
Population Connection 15–19, 33, 99
Population Council 31, 42, 71, 73, 146
Population Investigation Commission 33
Progressive Organisationen der Schweiz (POCH) 93
Repower 131
Rockefeller-Stiftung 71
Schweizer Demokraten (SD) 96, 114, 115
Schweizerische Arbeitsgemeinschaft für Bevölkerungsfragen (SAfB) 108, 109, 112–114, 147, 150
Schweizerische Gesellschaft für Umweltschutz (SGU) 112
Schweizerische Vereinigung für Straflosigkeit des Schwangerschaftsabbruchs (SVSS) 92, 147

Schweizerische Volkspartei (SVP) 107, 115
Shell 133
Sierra Club 22, 24, 31, 32, 103, 141, 149
Sozialdemokratische Partei (SP) 113
Sozialistischer Deutscher Studentenbund (SDS) 121
Syngenta 133
Unabhängige Ökologen Deutschlands (UÖD) 106
UN-Bevölkerungsfonds (UNFPA) 41, 54, 57
United Nations Organisation (UNO) 37, 41, 87, 89, 133, 146, 152
U.S. Agency for International Development (USAID) 41, 71, 73
Weltbank 53, 71, 83
Weltbund zum Schutz des Lebens (WSL) 119
Weltgesundheitsorganisation (WHO) 59
Weltklimarat (IPCC) 131
World Wide Fund for Nature (WWF) 33, 127, 131, 138
Zero Population Growth (ZPG) 15, 33, 99, 100

Abkürzungen

ABCL	American Birth Control League
AES	American Eugenics Society
AUNS	Aktion für eine unabhängige und neutrale Schweiz
CDU	Christlich Demokratische Union Deutschlands
CVP	Christlichdemokratische Volkspartei
DESA	Department of Economic and Social Affairs, United Nations
DEZA	Direktion für Entwicklung und Zusammenarbeit
DFID	Department for International Development
DGD	Deutsche Gesellschaft für Demographie
DSW	Deutsche Stiftung Weltbevölkerung
Ecopop	Vereinigung Umwelt und Bevölkerung
ETH	Eidgenössische Technische Hochschule Zürich
EVP	Evangelische Volkspartei
FAIR	Federation for American Immigration Reform
FCKW	Fluorchlorkohlenwasserstoffe
FDP	Freisinnig-Demokratische Partei
FoE	Friends of the Earth
GAZ	Grüne Aktion Zukunft
GPS	Grüne Partei der Schweiz
ICPD	UNO-Weltbevölkerungskonferenz
IPCC	Weltklimarat
IPPF	International Planned Parenthood Federation
IWF	Internationaler Währungsfonds
LDC	Least Developed Countries
MDG	Millennium Development Goals (Millennium Entwicklungsziele)
NA	Nationale Aktion gegen die Überfremdung von Volk und Heimat
NPD	Nationaldemokratische Partei Deutschlands
NZZ	Neue Zürcher Zeitung

ÖDP	Ökologisch-Demokratische Partei
OECD	Organisation für wirtschaftliche Zusammenarbeit und Entwicklung
OFRA	Organisation für die Sache der Frau
PAI	Population Action International
POCH	Progressive Organisationen der Schweiz
PPFA	Planned Parenthood Federation of America
PRB	Population Reference Bureau
REDD	Reducing Emissions from Deforestation and Degradation
SAfB	Schweizerische Arbeitsgemeinschaft für Bevölkerungsfragen
SD	Schweizer Demokraten
SDS	Sozialistischer Deutscher Studentenbund
SECO	Schweizerisches Sekretariat für Wirtschaft
SGU	Schweizerische Gesellschaft für Umweltschutz
SP	Sozialdemokratische Partei
SRK	Schweizerisches Rotes Kreuz
SVP	Schweizerische Volkspartei
SVSS	Schweizerische Vereinigung für Straflosigkeit des Schwangerschaftsabbruchs
UN	United Nations
UNDP	United Nations Development Programme
UNFPA	United Nations Population Fund (UN-Bevölkerungsfonds)
UNICEF	United Nations Children's Fund
UNO	United Nations Organisation
UÖD	Unabhängige Ökologen Deutschlands
USAID	U.S. Agency for International Development
WHO	Weltgesundheitsorganisation
WSL	Weltbund zum Schutze des Lebens
WWF	World Wide Fund for Nature
ZPG	Zero Population Growth

Dank

Dieses Buch wäre nicht entstanden ohne die finanzielle Unterstützung von Greenpeace Schweiz, Schweizerische Energiestiftung SES, Schweizerisches Arbeiterhilfswerk SAH Zürich, UNIA Schweiz, Migros Genossenschaftsbund, Markus Kunz, David Schäfer und nicht zu vergessen die vielen Spenderinnen und Spender anlässlich der Crowdfunding-Aktion auf wemakeit im Februar und März 2014.

Speziell danken wir Sophie Fürst für die vielfältige, flexible und wertvolle Unterstützung im Hintergrund, Chris Burger für die doch ziemlich spontane Produktion des Promo-Films für das Crowdfunding und unseren Partnerinnen Min Li Marti und Milena Conzetti für ihre Geduld und konstruktive Kritik während der Entstehung des Manuskripts.

Die Autorinnen und Autoren

Geert van Dok, 1953, Studium der Ethnologie, Geschichte und Soziologie, Leiter der Fachstelle Entwicklungspolitik bei Caritas Schweiz.

Balthasar Glättli, 1972, Fraktionspräsident der Grünen Schweiz, arbeitet als Kleinunternehmer für Kampagnen und Webdesign. Beschäftigte sich beruflich lange mit Fragen von Migration und Sans-Papiers.

Pierre-Alain Niklaus, 1970, Geologe und Sozialarbeiter, Leiter von NachbarNET Basel. Beschäftigt sich mit Fragen von Migration, Sans-Papiers und Gerechtigkeit.

Marcel Hänggi, 1969, schreibt als Journalist und Buchautor vor allem über gesellschaftliche Aspekte von Umwelt, Wissenschaft und Technik.

Shalini Randeria, 1955, Professorin, Anthropology and Sociology of Development am Graduate Institute of International and Development Studies, Genf. Studierte Psychologie, Linguistik sowie Ethnologie und Soziologie an den Universitäten von Delhi, Oxford, Heidelberg und an der FU Berlin. Forschungsschwerpunkte: Globalisierung und Governance; Recht, Politik und Entwicklung; Bevölkerungspolitik und Gender; postkoloniale Theorie.

Annemarie Sancar, 1957, Ethnologin. Arbeitsschwerpunkte: Geschlechterpolitik, Entwicklungszusammenarbeit und Migration. Als Genderbeauftragte zehn Jahre bei der DEZA, heute bei Swisspeace. Vorstand von Women in Development Europe WIDE Switzerland.

Leena Schmitter, 1980, Historikerin und Geschlechterforscherin. Forschungsschwerpunkte: Geschichte der Frauenbewegung, Geschichte der Sexualität und des Körpers, neue Politikgeschichte. Stadträtin Grünes Bündnis Bern.

Peter Schneider, 1957, arbeitet in Zürich als Psychoanalytiker, Satiriker und Kolumnist. Er lehrt als Privatdozent für klinische Psychologie und Psychoanalyse an der Universität Zürich sowie als Vertretungsprofessor für pädagogische und Entwicklungspsychologie an der Universität Bremen.

Stéphane Hessel, Véronique De Keyser

Palästina: das Versagen Europas

Aus dem Französischen von
Barbara Heber-Schärer und Ulrike Bokelmann

208 Seiten, Klappenbroschur, 2014
ISBN 978-3-85869-588-8, Fr. 25.–/Euro 19,90

Stéphane Hessel hat sich seit jeher für die Verteidigung der Menschenrechte eingesetzt, insbesondere auch für die Sache des palästinensischen Volkes. Dasselbe trifft auf die EU-Parlamentarierin Véronique De Keyser zu, die seit Jahren versucht, die EU-Außenpolitik zu einer substanzielleren, aktiveren und gerechteren Nahostpolitik zu bewegen.

Hessel und De Keyser haben sich zusammengetan, um dieses Buch zu konzipieren. Sie tauchen ein in die jüngste Geschichte des Nahostkonflikts, schildern die Gleichgültigkeit der europäischen Institutionen, die wesentlich dazu beigetragen hat, die Situation Palästinas zu einer veritablen humanitären Tragödie verkommen zu lassen: all die verpassten Gelegenheiten, die widersprüchlichen und heuchlerischen Haltungen, die Verweigerung des Dialogs. Aber das Buch blickt auch in die Zukunft: Was für Lösungen sind denkbar? Wie kann dem Völkerrecht zum Durchbruch verholfen werden? Und vor allem: Was könnte und müsste Europa dafür tun?

Rotpunktverlag.
www.rotpunktverlag.ch

Marina Frigerio,

Verbotene Kinder

Die Kinder der italienischen Saisonniers
erzählen von Trennung und Illegalität

Aus dem Italienischen von Barbara Sauser
Vorwort von Franz Hohler

184 Seiten, Klappenbroschur, 2014
ISBN 978-3-85869-587-1, Fr. 29.–/Euro 23,50

Weil der Familiennachzug für die italienischen Saisonniers in der Schweiz verboten war, standen sie vor der Entscheidung: entweder die Kinder »am Telefon aufwachsen« hören – oder aber sie mitnehmen, was bedeutete, sie vor den Behörden zu verstecken. Marina Frigerio lässt diese »verbotenen Kinder« erzählen. Wie fühlt sich das an als Kind, die meiste Zeit eingeschlossen daheim und ohne Kontakt zu anderen Kindern, was macht eine solche Situation mit einer Familie, und wie findet man trotzdem seinen Weg?

»Frigerios Buch ist Oral History im besten Sinne, denn es gibt den zum Stummsein Verdammten ihre Stimme und Geschichten zurück und bettet diese in den politisch-gesellschaftlichen Kontext ein.«
BERNER ZEITUNG

Rotpunktverlag.
www.rotpunktverlag.ch